Agenda家庭基礎学習ノート

JN132500

もくじ Contents

生活設計 —人生100年時代をデザインする—

1 大人になるとはどういうことか考えてみよう。

(1)あなたは子ども？ 大人？ 下図に色を塗るとともに，言葉でも表現してみよう。

子ども度 ◀━━━━━━━━━━━━━━━━━━━━━━━▶ 大人度

《説明》

(2)大人になるということはどういうことか，あなたの考えを書いてみよう。

2 これまでの「私」を振り返ってみよう。

(1)好きだったもの，夢中になっていたこと，うれしかったこと，頑張っていたこと，当時のエピソードや将来の夢など，その当時の自分を振り返って書いてみよう。

幼稚園・保育所のころの「私」	小学生のころの「私」	中学生のころの「私」

(2)自分の性格(長所，短所)，特技，趣味，関心のあることなど，自分を書き表す言葉を10個あげてみよう。

1	2	3	4	5
6	7	8	9	10

(3)(1)(2)の内容を踏まえて，これから「家庭基礎」を共に学ぶクラスメートに自己紹介をしてみよう。

3 これからの「私」はどうありたいか，教科書p.11を参考に，それぞれのライフステージごとに書いてみよう。

	現在	10年後	20年後	50年後
大切にしているもの・こと・ひとなど				
夢中になっていること(楽しんでいること)				
どのような仕事(学び)をしているか				
どこでだれと暮らしているか				
地域や社会とどのようにかかわっているか				

4 教科書全体を参考に，「家庭基礎」の学習内容であなたが関心のあるテーマや学びたいことについて書いてみよう。

01 これからをどう生きるか

教 p.12〜15

1 社会と生き方の多様化について（　）に適語を記入しよう。 ★

(^{1}　　　　　　　　)：家庭・学校・学習塾・スポーツクラブ・習い事・趣味の集まり・インターネット空間など

さまざまな属性(カテゴリー)：人種, (^{2}　　　　), 国籍, 性のあり方, 障がいの有無, 年齢, 信仰, (^{3}　　　　), 価値観など

多様な生き方：働き方, (^{4}　　　　)や人間関係の持ち方, (^{5}　　　　)の過ごし方など

2 自分の将来について考えてみよう。 ★★

(1)将来なりたい職業は？	
(2)どうしてなりたいと思ったのか？ 　その職業に就いてやりたいことは？	
(3)今すべきことは何か？	
(4)10年後にしたいことは何か？	
(5)20年後にしたいことは何か？	

3 民法改正により2022年4月より18歳成年となった。18歳になったらできるようになることに〇を，20歳にならないとできないことに×をつけよう。 ★

(1)10年有効のパスポートを取得する （　　　）　(2)飲酒・喫煙をする （　　　）

(3)養子をむかえる （　　　）　(4)クレジットカードをつくる （　　　）

(5)親の同意なく婚姻できる （　　　）　(6)選挙権が得られる （　　　）

(7)公認会計士などの国家資格を取る （　　　）　(8)競馬などの投票権を買う （　　　）

4 次の語句の説明として当てはまるものを選択肢から選び，記号で答えよう。 ★

(1)アイデンティティ （　　　）　(2)市民性(シティズンシップ) （　　　）

(3)LGBTQ+ （　　　）　(4)SOGIE （　　　）

(5)ダイバーシティ （　　　）　(6)インクルージョン （　　　）

ア　Sexual Orientation(性的指向)，Gender Identity(性自認)，Gender Expression(性表現)の略で，「どんな性別が好きか」,「自分をどういう性だと認識しているか」「言葉遣い，服装，振る舞い」という「状態」を指す。

イ　多様性のこと。人種，国籍，性別，年齢，信仰，価値観も含む。

ウ　自己同一性のこと。時間的連続性，不変性，他者から見られる姿と自己との一致などから構成される「私は何者か」といった感覚。

エ　包含，包摂のこと。多様な人を社会や組織に取り込むこと。

オ　権利と義務を持ち，自立した社会の一員として社会に積極的にかかわろうとすること。

カ　レズビアン・ゲイ・バイセクシュアル・トランスジェンダー・性の在り方が定まっていない人など性的少数派の総称。

5 （　　　）に適語を記入しよう。　★

　高校生は（¹　　　　　　　）の中間時期にあたる。それまでの児童期と比べ，青年期は行動範囲や（²　　　　　）関係が格段に広がる。これまでとは異なる（³　　　　　）観や，意思決定の方法，多くの選択肢とも出会う。自分の（⁴　　　　　）と思える場も増えるだろう。私たちは様々な他者との関係性のなかで成り立つ。自分の姿は鏡を通してしか見られないように，自分はどういう人間か，（⁵　　　　　）とのかかわりによって自覚され，自分がつくられていく。相手や関係性，時期や場所が変われば，自分も変化する。つまり，自分の（⁶　　　　　　　　）が社会の中で増えて重なっていく。

6 性のあり方（セクシャリティ）について考えよう。

（１）「男らしい」という言葉からイメージする言葉を５つ考えてみよう。　★★
　　（　　　　　）（　　　　　　）（　　　　　　）（　　　　　）（　　　　　）

（２）「女らしい」という言葉からイメージする言葉を５つ考えてみよう。　★★
　　（　　　　　）（　　　　　　）（　　　　　　）（　　　　　）（　　　　　）

（３）今までの経験で，男らしさや女らしさを求められたことを考えてまとめてみよう。　★★★

（４）LGBTQ+の当事者が困っていることは何だろうか。考えてまとめてみよう。　★★★

7 多様性の尊重と自立について（　　　）に適語を記入しよう。　★

　「多元的な自己」同士が集まって，この社会が形成されている。あらゆる人々の（¹　　　　　）を保障できる社会システムの構築が求められる。

　しかし，さまざまな差異を理由に（²　　　　　　　　）：少数派を排除しようとする動きも見られている。人権や民族，SOGIEを理由とした差別的言動は（³　　　　　　　　）と呼ばれている。自分と他者の共通性および差異を尊重し，（⁴　　　　　）した存在として互いに安心して安全に生活できる社会を共につくることが求められる。

MEMO

02 青年期の自立

教 p.16～19

1 自分が仕事を選択するさいに重視するものを三つ選んでみよう。 ★★

■若者が仕事を選択する際に最も重視すること

	20	40	60	80	100(%)
自分のやりたいことができること	42.3	46.2			3.3
人の役に立つこと	23.7	48.1	21.4		6.9
安定していて長く続けられること	50.0	38.8			2.9
収入が多いこと	46.0	42.7			2.7
社会的評価の高い仕事である	16.4	40.8	33.3		9.6
子育て、介護等との両立がしやすいこと	27.4	42.7	21.1		8.8
自由な時間が多いこと	33.9	48.3	14.3		3.5
福利厚生が充実していること	41.1	44.1			3.7
自分が身につけた知識や技術がいかせること	31.2	47.5	16.2		4.6
自宅から通えること	44.3	36.0	14.6		5.2
実力主義で偉くなれること	14.9	36.7	36.1		12.3
能力を高める機会があること	25.0	48.2	20.8		6.2
特別に指示されずに、自分の責任で決められること	14.3	41.5	36.0		8.3

■とても重要 ■まあ重要 ■あまり重要でない ■まったく重要でない

内閣府「子供・若者白書(平成30年)」による

1番重視すること

1

2番めに重視すること

2

3番めに重視すること

3

2 五つの自立とその説明を線で結ぼう。 ★

(1) 精神的自立 ・

(2) 社会的自立 ・

(3) 経済的自立 ・

(4) 生活的自立 ・

(5) 性的自立 ・

・ア 自分がどのような性を生きるのかを確立し、他者とどのような性的関係をつくっていくのか、関係性を創造すること。

・イ 学校・地域などの社会組織のなかで、多様な人々と共に生きられる力、コミュニケーションスキルを身につけること。

・ウ 自分の言動とその結果に責任を持てること、また、周囲からの助言や意見を冷静に受けとめられる心が持てること。

・エ 自分の個性や能力などに合った職業を選択し、日々の生活にかかる費用を把握(はあく)して、その使い方や管理を計画的に行えること。

・オ 日々の暮らしを営(いとな)む力・技能を身につけること。

3 次の( )に適語を記入しよう。 ★

(1)：家庭生活を豊かに営むために必要な生活技術のこと。基本的なものに、買い物・炊事・洗濯・掃除などがある。

(2)：少子高齢化が進み、有権者に占める高齢者の割合が多くなることで高齢者層の政治への影響力が大きくなること。

(3)：自発的な意思にもとづき、基本的に無報酬で公共のために労力を提供すること。

(4)：利益を追求することなく、社会的活動を行う民間団体。(Non Profit Organization)

4 教科書p.18を参考にして、持続可能な社会を実現するために必要なことをまとめてみよう。 ★★★

5 教科書p.18 ⑤ にあるさまざまな生活スキルについて，自分に当てはまるものに〇を記入しよう。★★

人間関係・保育	親戚や友だち，近所の人など，困った時に頼れる人がいる	
	乳幼児の基本的な世話ができる	
	基本的な介護技術を知っている	
	困難な状況になった時，必要な行政サービスを利用できる	
	地域活動に取り組むことができる	
食生活	簡単な料理がつくれる	
	栄養バランスや食品の特性を考えて料理がつくれる	
	環境や安全性に配慮して食材が選べる	
	地域の食文化や食料生産を考えた食生活を送れる	
衣生活	気候やTPOに合った服装を考えられる	
	素材やサイズを考えて自分好みの衣服が選べる	
	洗濯などの衣服の種類に合った衣服管理ができる	
	環境に配慮した衣生活を送ることができる	
住生活	掃除など日常の住まいの管理ができる	
	間取り図が理解でき，必要な設備を使いこなせる	
	住まいの安全性や健康への影響について考えることができる	
	環境に配慮した住まい方ができる	
消費生活	収入に見合った計画的なお金の使い方ができる	
	生涯を考えた経済計画を立てることができる	
	消費者被害にあった際の対応や相談窓口を知っている	
	3つのRが実践できる	
	事業者や国・地方公共団体に必要な情報開示を求めることができる	

〇の数が20以上……素晴らしい生活スキルの持ち主！ ひとり暮らしも安心。

〇の数が15以上……高校生にしては多くの生活スキルを身につけている。

〇の数が10以上……これから生活スキルを身につけていこう。

〇の数が5以下……積極的に家事を手伝おう。

MEMO

03 社会の変化と家族

 教 p.20〜21

1 世帯人数について( )に適語を記入しよう。 ★

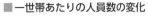

■一世帯あたりの人員数の変化

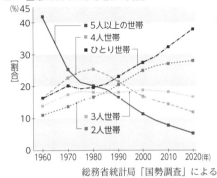

総務省統計局「国勢調査」による

(¹　　　　　)：住居と生計を共にしている人の集まりをいう。

家族：血族と姻族からなる集団。核家族，拡大家族などがある。

・1990年代以降(²　　　　　)世帯が最も多い。

⇒2010年代以降，全世帯の約(³　　　)分の1が単独世帯。

＊(⁴　　　　　)の単独世帯増加が大きく影響。

⇒2040年には約(⁵　　　)割が単独世帯になる予測がある。

・(⁶　　)人以上の世帯は減少傾向。

2 家族モデルの変化について( )に適語を記入しよう。 ★

（1）1950年代後半〜1970年代前半

■産業構造の変化　就業者構成比　日本

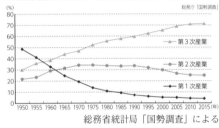

総務省統計局「国勢調査」による

日本の産業構造が第一次産業(農林水産業など)を中心とした社会から第二次産業(鉱工業・製造業・建設業など)・第三次産業(金融，保険，卸売り，小売，サービス業，情報通信業など)中心に移行し，人々は仕事を求めて農村から都市へ移住していた。

⇒拡大家族世帯が減少し，(¹　　　　　)世帯が増加した。

女性は，農家などで労働力として働いていたが，高度経済成長期には男性1人の収入で家族を扶養できるようになり，夫のみが働いて収入を得て，妻は専業主婦という形態をとる家族が増加した。

⇒男性は家庭の外で仕事をし，女性は家庭にとどまって家事・育児をするという(²　　　　　)意識が高まる。現在の社会保障制度や税制度は，この時期主流であった男性1人が労働する核家族世帯の家族構成を(³　　　　　)にしている。

（2）1970年代後半〜(経済の低成長期)

⇒家計や子どもの教育費の補助のためパートなどの短時間(⁴　　　　　)に従事する女性が増加。1980年代以降は，より豊かな生活を求める消費欲求が増大していく(1986〜1990年バブル経済)。

男女平等(1986年男女雇用機会均等法施行)や女性の経済的独立への意欲増加。⇒女性就労率増加

■世帯構成の変化

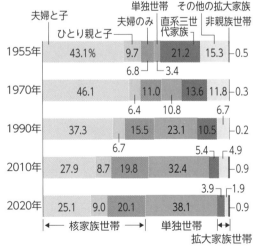

総務省統計局「国勢調査」による

1章

自分・家族

■専業主婦世帯と共働き世帯

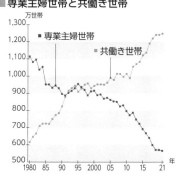

厚生労働省「厚生労働白書」による

（3）1990年代後半〜

　性別役割分業の家庭は主流ではなくなり，専業主婦世帯より
（⁵　　　　　　）世帯の方が多くなってきている。核家族世帯や
（⁶　　　　　　）世帯は減少し，単独世帯が増加している。

3　女性の労働力率について考えよう。

■女性の労働力率（国際比較）

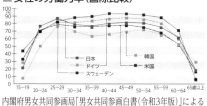

内閣府男女共同参画局「男女共同参画白書（令和3年版）」による

（1）左上のグラフは，韓国，スウェーデン，ドイツ，日本，米国
の女性の年齢階級別労働力率のグラフである。日本のグラフを
ペンでなぞろう。　　　　　　　　　　　　　　　　　　　　　★

　＊ヒント：日本と韓国は20代後半から30代にいったん低くな
　　り，再び上昇するM字型就労曲線になる。

■日本の労働力率の変化

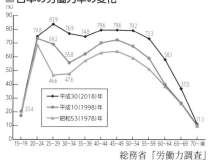

総務省「労働力調査」

（2）左下のグラフは，日本の年齢階級別労働力率のグラフである。

①　20代後半から30代にいったん低くなるのはなぜか，その
理由を考えてみよう。　　　　　　　　　　　　　　　　★★★

②　また，再び上昇するのはなぜか，その理由を考えてみよう。　★★★

MEMO

04 家族・人生・生き方と法律

教 p.22〜25

1 明治民法(旧民法)と現行民法について( )に適語を記入しよう。 ★

	明治民法 (1898年施行)	現行民法 (1947年改正，1948年施行)
家族	・(^{1})制度を中心。 ・(^{2})に権限が集中。他の家族はみな戸主の命令・監督に服する。 ・家族の中の個人や女性の権利は大きく制約。	・(^{3})の尊厳と(^{4})の本質的な平等。
結婚	・戸主の同意が必要。 ・男は(^{5})歳，女は(^{6})歳まで，親の同意が必要。 ・妻は夫の家に入る。	・成人は(^{7})の合意のみで結婚できる(未成年者は親の同意が必要)。 ・夫婦は(^{8})姓。 ・女性の再婚禁止期間は(^{9})された。
夫婦	・妻は法律上(^{10})とされ，妻の財産は夫が管理。	・夫婦(^{11})制。
親子	・親権者は(^{12})のみ。父がいない場合のみ母が親権者。	・父母の(^{13})親権。
扶養 (ふよう)	・戸主は家族に対し幅広い扶養義務を負う。 ・子や配偶者よりも(^{14})に対する扶養義務が優先。	・直系(孫や祖父母など縦の系列)血族(血縁関係にある者)・兄弟姉妹は(^{15})扶養義務を負う。
相続	・戸主の地位を相続する(^{16})相続。 ・跡取り(長男または養子)だけが相続。	・配偶者と子どもの相続が原則。 ・婚内子と婚外子の相続分は(^{17}) (2013年民法改正による)。
多様な家族	・夫婦別姓(外国では同姓，別姓，結合姓などの選択肢があるのが一般的) ・同性婚(G7で同性間のパートナーシップを保障する法律がないのは日本だけ)	
改正案	・選択的夫婦別姓の導入。 ・5年以上継続して婚姻の本旨に反する別居⇒離婚成立	

2 家族に関する法律について( )に適語を記入しよう。 ★

Q. 結婚するってどういうこと？

A. 当事者が(^{1})を市区町村に提出することで成立。(民法739条，戸籍法74条)
・夫婦は同じ姓を名乗る(民法750条)・互(たが)いに同居・協力・扶助義務を負う。(民法752条)

Q. 離婚にはどのような種類があるの？ 離婚時にどのようなことを決めるの？

A. 離婚には，(^{2})離婚(当事者間の協議により離婚届を届け出る)と，裁判上の離婚(家庭裁判所の調停，訴訟などによる)がある。日本では約9割が協議離婚である。

☆離婚時に決めること
・未成年の子の親権(民法819条) ・財産分与(民法768条) ・(^{3})(民法766条)
・別居する親と子の面会交流(民法766条) ・慰謝料 ・年金分割

Q. 法律上の親と子の関係にはどのようなものがあるの？

A. 血縁による実親子と，(^{4}　　　　　)縁組による養親子がある。

・婚姻中の女性の子は夫を父と推定する(民法772条)

・婚姻していない男女の子は(^{5}　　　　)により父子関係が成立する(民法779条)

・養子縁組により血縁がなくとも親子関係が成立する(民法792条以下)

・未成年の子は親権に服する。婚姻中は父母の共同親権，離婚後・婚外子の場合は単独親権(民法818条，819条)

Q. 相続が発生した場合，だれがどれだけ相続する？

A. (^{6}　　　　)があるかないかによって異なる。

・遺言がある場合にはそれに従う。親族以外に財産を遺贈することも可能。ただし，配偶者，子，直系尊属などには(^{7}　　　　)がある。

・遺言がない場合には，民法によって定められている法定相続人と法定相続分による。(民法900条)

・15歳以上の者は遺言できる。(民法961条)

■法定相続人と法定相続分

相続順位	法定相続人と法定相続分			
子どもがいる場合 （第1順位）	配偶者	$\frac{1}{2}$	子ども	$\frac{1}{2}$を 人数で分ける
子どもがおらず 父母がいる場合 （第2順位）	配偶者	$\frac{2}{3}$	父母など	$\frac{1}{3}$を 人数で分ける
子どもと父母が ともにおらず， 兄弟姉妹がいる場合 （第3順位）	配偶者	$\frac{3}{4}$	兄弟姉妹	$\frac{1}{4}$を 人数で分ける

代襲相続　➡	相続人となるべき子どもや兄弟姉妹が相続開始前に死亡しているときは，孫や甥・姪が代わって相続することができる。

3　次の語句とその説明を線で結ぼう。　★

（1）ジェンダー　・　　・ア　一人ひとりの個人が生きていくうえで保障されるべき権利。生きづらい，と感じた時に，自分を守ってくれるもの。

（2）基本的人権　・　　・イ　夫婦など親密な関係にある(あった)人に対して，身体的・性的・心理的暴力などにより相手を支配・コントロールする行為。

（3）DV　・　　・ウ　だれもが経験する教育機関に通う，病気・高齢になること，生き方によっては就職，結婚，親になる，家を借りるなどがある。

（4）個人尊重　・　　・エ　生物学的な性別ではなく，社会的・文化的に形成された性別のこと。

（5）ライフイベント　・　　・オ　日本国憲法の目的であり，一人ひとりだれもが等しく価値を持っており，一人ひとりが自分らしく互いの違いを認めあって共に生きること。

4　教科書p.24の「DV・デートDVの例」から，DVだと思っていなかったことを書こう。★★★

MEMO

05 多様な課題を抱える家族・家庭

教 p.26〜27

1 日本の貧困率について考えよう。

■相対的貧困率(所得再分配後)

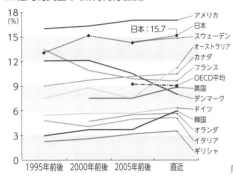

厚生労働省「厚生労働白書(2014年)」による

(1)次の( )に適語を記入しよう。 ★

( ):等価可処分所得(世帯の可処分所得を世帯人員の平方根で割って調整した所得)の中央値の50%に満たない者の割合である。税や,児童手当などの社会保障による所得再配分前で計算する場合と再配分後で計算する場合がある。

(2)それぞれの国が抱える貧困率の問題について線で結ぼう。 ★

① アメリカ ・ ・ア 経済危機
② イギリス ・ ・イ 移民対応
③ ドイツ ・ ・ウ 貧富の差
④ ギリシャ ・ ・エ 失業者問題

(3)日本の世帯間経済格差が大きい理由について( )に適語を記入しよう。 ★★★

・(^{1})者の貧困:年金問題,住宅問題など
・(^{2})雇用労働者の貧困:働き方改革関連法による同一労働同一賃金などの取り組み
・(^{3})の貧困:女性の就労環境の悪さによる母子家庭の貧困,養育費の不払い,社会保障の低さなど

2 家庭内におけるケアの抱える困難について( )に適語を記入しよう。 ★

日本ではまだまだ家族や親族によるケアに大きく依存しているため,育児や高齢者の(^{1}),障がいを抱える家族のケアなどで仕事を中断したり,退職したりすることもある。

高齢の親を同じく高齢の子どもが介護する(^{2})は広く知られているが,最近では家計を支えるために,介護の担い手になれない親に代わって祖父母の介護を引き受ける・病気や障がいを抱える家族を支えるために家事労働やケアを担う・自分よりも幼い弟や妹のケアを担うといった(^{3})も存在する。ケアによる身体的・精神的負担のみならず,学齢期の年齢にありながら介護者として家庭に拘束されるために,将来の展望を描くことができなくなるなどの問題が生じている。

3 次の問題の解決について当てはまるものを選択肢からすべて選び,記号で答えよう。 ★★

(1)貧困 ( )
(2)ケアの支援(子ども,高齢者,障がい者) ( )
(3)家庭で生じる暴力 ( )

ア シェルター	イ 通所施設	ウ 児童手当	エ 訪問介護
オ 児童相談所	カ 生活保護	キ 訪問看護	ク 児童扶養手当

4　ひきこもりとその長期化について（　　）に適語を記入しよう。　★

　2019年に厚生労働省が発表した「生活状況に関する調査」は40歳から65歳を対象とする調査で，そこから中高年の広義のひきこもり群が61.3万人という推計値が出されたことは大きな社会的関心を呼んだ。広義のひきこもりとは，

　「自室からは出るが，（¹　　　　）からは出ない。または，自室からほとんど出ない」

　「普段は家にいるが，（²　　　　）のコンビニなどへは出かける」

という狭義のひきこもりに加えて，

　「普段は家にいるが，自分の（³　　　　）に関する用事のときだけ外出する」

という準ひきこもり群を加えたものをさす。

　それまで，ひきこもりは，15歳から39歳の（⁴　　　　）の調査のなかで議論されてきたのであるが，この調査によって，改めてひきこもりの（⁵　　　　）と，それを支える親の（⁶　　　　）が，社会で対応すべき問題として認識されるようになった。

5　家族の課題について，子どもの相対的貧困によって生じる問題をあげてみよう。　★★★

MEMO

06 持続可能な生活と仕事

教 p.28～31

1 私たちの暮らしと仕事について( )に適語を記入しよう。 ★

（1）(^{1}　　　　　)時間：1次活動(睡眠，食事など生理的に必要な時間)，2次活動(仕事，家事など社会生活を営むうえで義務的な性格の強い活動)，3次活動(余暇活動など)の三つに分類される。

（2）(^{2}　　　　　)：働きすぎによる脳血管疾患・心臓疾患や強い心理的負荷による精神障害を原因として死亡に至ること。

（3）(^{3}　　　　　　　)：働いても貧困から脱出できない人々のこと。

2 次のハラスメントの説明に当てはまるものを選択肢から選び，記号で答えよう。 ★★

（1）職務上の地位を利用した性的な関係の強要や職場内での性的な言動。　　　　（　　　）
（2）妊娠・出産等の働く母親に対する嫌がらせ。　　　　（　　　）
（3）職場内での地位や権限を利用した嫌がらせ。　　　　（　　　）

ア　パワーハラスメント	イ　セクシュアルハラスメント
ウ　マタニティハラスメント	エ　パタニティハラスメント

3 次の雇用形態に当てはまるものを選択肢から選び，記号で答えよう。 ★

（1）労働契約の期間の定めがなく，社会保険や年金制度があることが多い。　　　　（　　　）
（2）労働契約期間に定め(上限は原則3年)のある契約の労働者。　　　　（　　　）
（3）労働者が人材派遣会社(派遣元)との間で労働契約を結び，他の会社(派遣先)に出向いて指揮命令を受けて働く。　　　　（　　　）
（4）1週間の労働時間が，正社員と比べて短い労働者。　　　　（　　　）

ア　派遣労働者	イ　パートタイム労働者	ウ　契約社員	エ　正社員

4 人間らしい働き方について( )に適語を記入しよう。 ★

　1999年のILO総会で(^{1}　　　　　　)・ワーク(働きがいのある人間らしい仕事)が21世紀の目標として定められた。①必要な技能を身につけ(^{2}　　　　　)が立てられるよう国や企業が仕事を創出，②安全で健康に働ける(^{3}　　　　)づくりによる社会的保護の拡充，③働き手と政府，企業との社会(^{4}　　　　)の推進，④仕事での権利保障などを縦軸に，(^{5}　　　　　)(社会的・文化的に形成された性別)平等を横軸に，実現するとされている。人が人間らしく働けるためには，(^{6}　　　　　　)の整備だけでなく，ルールを使いこなせるように働き手を支えるしくみが欠かせない。そうしたしくみの代表例が，(^{7}　　　　)(労組)である。憲法28条では，労働基本権として，(^{8}　　　)権(労組を結成する権利)，(^{9}　　　　)(労組を通じて会社と交渉する権利)。(^{10}　　　　)(会社が要求を認めるまで仕事から撤退してストライキを行う権利)の労働三権が保障されている。

5　次の法律とその説明を線で結ぼう。　★★

（1）男女雇用機会均等法　・

（2）女性活躍推進法　・

（3）高齢者雇用安定法　・

（4）障害者雇用促進法　・

（5）働き方改革関連法　・

・ア　国・地方公共団体，大企業は，女性の活躍に関する状況把握(は)・課題分析，課題解決にふさわしい数値目標と行動計画の策定・届出・周知，情報の公表を定めている。2016年施行。

・イ　長時間労働の是正(ぜせい)，多様で柔軟(じゅうなん)な働き方の実現，雇用形態にかかわらない公正な待遇の確保のための措置(そち)などを定めている。専門性の高い職種には高度プロフェッショナル制度が導入された。2018年成立。

・ウ　急速な高齢化の進行に対応し，高年齢者が少なくとも年金受給開始年齢までは意欲と能力に応じて働き続けられる環境の整備を目的としている。1971年施行。

・エ　障害者の雇用義務等にもとづく雇用の促進等のための措置，職業リハビリテーションの措置等を通じて，障害者の職業の安定をはかることを目的とする。1960年施行。

・オ　職場での男女の差別的扱いを禁止し，募集・採用・昇給・昇進・教育訓練・定年・退職・解雇などの面で男女とも平等に扱うことを定めている。1986年施行。

6　自分の住んでいる都道府県の最低賃金を調べ，生活費について考えよう。　★★★

都道府県（　　　　　　　　）　最低賃金（　　　　　　　　）円

　右図によると，単身世帯の毎月の生活費（消費支出）の平均は16万2833円である。自分がひとり暮らしをするとしたら，最低どのくらいのお金が必要か考えてみよう。

■単身世帯の1か月の生活費

食料	4万4263円
住居	2万854円
光熱・水道	1万1652円
家具・家事用品	5443円
被服及び履物	5985円
保健医療	7712円
交通・通信	2万1068円
教育	20円
教養・娯楽	1万9426円
その他の消費支出	2万7359円

総務省「家計調査報告書」による

MEMO

07 多様な生き方を保障する社会へ

教 p.32〜33

1 少子高齢化について（　）に適語を記入しよう。 ★

　第二次世界大戦後，1940年代の(1　　　　　　　)ブームによって高い出生率を記録したが，その直後，急激に出生率が低下した。(2　　　　　　)年代にはベビーブーマーらの出産により第二次ベビーブームとなり出生率が上昇したが，その後，再び減少に転じた。ひとりの女性が生涯に出産する子ども数の平均を示す数値である(3　　　　　　　　　)を見ると，1960年代に(4　　　　　)となりその後，徐々に減少している。1966年(ひのえうまの年。丙午生まれの女性は気性が激しく夫を不幸にするという迷信から出生率が激減)に1.58という低い数値を記録したが，1989年にそれを下回る1.57となったことから出生率低下が社会問題化した。出生率低下の原因には，(5　　　　　　)や子育てをするうえでの経済的・精神的(6　　　　　)，仕事と育児の(7　　　　　)の困難などがあるといわれている。

2 次のだれかと暮らす形式についての説明に当てはまるものを選択肢から選び，記号で答えよう。★★

(1)賃貸物件で家族以外の同居人とともに契約し暮らすスタイル。　　　　　　　(　　　)

(2)要支援2以上の認知症高齢者を対象にした小規模の介護施設。　　　　　　(　　　)

(3)個室と入居者全員が利用できるキッチンやシャワーなどの共用スペースを備えた賃貸
　住宅。　　　　　　　　　　　　　　　　　　　　　　　　　　　　　　(　　　)

(4)個々の住戸にトイレ，浴室，キッチンが完備されており，住まいの延長としての共有
　スペースを持つ。　　　　　　　　　　　　　　　　　　　　　　　　　(　　　)

ア　コレクティブハウス　　イ　シェアハウス　　ウ　ルームシェア　　エ　グループホーム

3 次の(1)〜(6)について正しいものには〇を，誤っているものには×を書こう。 ★

(1)一生は平均寿命の上昇により長期化し，ライフコースもさまざまな可能性が広がっている。(　　　)

(2)初婚年齢の上昇はライフコースの多様化を反映していない。　　　　　　(　　　)

(3)男性の7人に1人，女性の4人に1人は50歳までに一度も結婚したことがない。(　　　)

(4)青年期に希望するような将来のライフコースが実現可能か見通しやすい時代である。(　　　)

(5)自ら考え，主体的に行動できる力をセルフマネジメント力という。　　　(　　　)

(6)リスクに対し，周りとつながり乗りこえる力や軌道修正ができる柔軟な発想が必要である。(　　　)

4 家族のダイバーシティについて（　）に適語を記入しよう。 ★

　現代の家族の構成員を考えてみると，夫婦は(1　　　　　)が異なるし，親子は世代や(2　　　　　)が異なる。家族が一緒に(3　　　　)をする農家や商店もある一方で，多くの家庭では家族のそれぞれが異なる職場で(4　　　　)している。家族は，そもそも所属する社会集団の異なる多様な人々の(5　　　　　)であり，家族は，(6　　　　　　　)(多様性)を(7　　　　　　　)(包含)した集団であるともいえる。

　多様性のあるメンバーを互いに尊重し，認めあい，共に活躍・成長することができる社会・家族のあり方が，今，求められている。

5 私たちの社会に想定されている性別，年齢，国籍，人種，民族，宗教，社会的地位，障がいの有無，性的指向・性自認，価値観，働き方などの多様性について考えてみよう。

（1）多様な人々に配慮されていることをあげてみよう。　　　　　★★★

（2）多様な人々を排除しないための配慮が足りないことをあげてみよう。　　　★★★

6 「インクルーシブ教育」について調べ，どのような試みがなされているか調べよう。　★★★

MEMO

章末問題

教 p.12〜33

1. 家族についての次の文章を読み，あとの問いに答えよう。

住居と生計を共にする人の集まりを世帯という。世帯構成は多様化しており，夫婦のみの世帯や夫婦（またはその一方）と未婚の子のみの世帯を（　①　）世帯という。これに，祖父母やおじ・おば，甥，姪が加わると（　②　）世帯となる。A近年，ひとりで暮らす単独世帯が増加し，（　①　）世帯や（　②　）世帯が減少している。

労働には収入を得るための職業労働と生活に必要な商品を購入，活用，維持管理する家事労働がある。男性が家庭の外で仕事をし，女性は家庭にとどまって家事・育児をするという（　③　）意識が根強く，働き方にも大きく影響している。たとえば，男性は家族を扶養するために長時間労働を強いられ，週49時間以上働く人の割合が3人に1人近くと先進国で突出して高く，働きすぎによる（　④　）死が問題になっている。一方，女性は家事・育児を担うものとされ，職場の少数派に追いやられがちであった。それらは，性別を理由にした嫌がらせである（　⑤　）や働く母親に対する嫌がらせである（　⑥　）の土壌ともなっている。

（1）（　①　）〜（　⑥　）に適語を記入しよう。

①（　　　　　　　）　②（　　　　　　　）　③（　　　　　　　）　④（　　　　　　　）

⑤（　　　　　　　）　⑥（　　　　　　　　　）

（2）下線部Aについて次の設問に答えよう。

①　単独世帯が増加した理由を二つ答えよう。

（　　　　　　　　　　　　　　　　　　　　　　　　　　　　　　　　　　）

②　世帯の人数が減ったことによる家族機能の弱体化の例を一つ答えよう。

（　　　　　　　　　　　　　　　　　　　　　　　　　　　　　　　　　　）

（3）生物学的な性をセックスというのに対して，社会的，文化的に形成された性を何というか。

（　　　　　　　　　）

（4）次のア〜カの中から現行民法のものをすべて選び，記号で答えよう。

ア　夫婦別産制。　　　　　　　　　　　　　　イ　妻や子の扶養より親の扶養が優先。

ウ　遺産は跡取り（長男または養子）だけが相続する。　エ　父母の共同親権。

オ　夫婦の権利・義務は平等。　　　　　　　　カ　家制度中心。

キ　夫婦は同じ姓。　　　　　　　　　　　　　　　　　　　　　（　　　　　　　　　）

（5）働きがいのある人間らしい仕事を何というか。　　　　　（　　　　　　　　　）

（6）青年期について次の問いに答えよう。

①　自己同一性のことであり，時間的連続性や不変性，他者から見られる姿と自己の一致などから構成される「私は何者か」といった感覚を何というか。　　　　　　　（　　　　　　　　　）

②　学校・地域などの社会組織のなかで，多様な人々と共に生きられる力，コミュニケーションスキルを身につける自立を何というか。　　　　　　　　　　　　　　（　　　　　　　　）自立

③　自分の言動とその結果に責任を持つこと，また周囲からの助言や意見を冷静に受けとめられる心が持てる自立を何というか。　　　　　　　　　　　　　　（　　　　　　　　）自立

（7）　次の①〜⑤の各法律は，下のア〜シに記した内容のうちどのような事柄を定めているか。それぞれの法律に対して当てはまる内容をすべて選び，記号で答えよう。

①　労働契約法……………（　　　　　　　）　　②　労働基準法………………（　　　　　　　）

③　日本国憲法……………（　　　　　　　）　　④　男女雇用機会均等法………（　　　　　　　）

⑤　育児・介護休業法………（　　　　　　　）

> ア　産前6週間産後8週間の休業を保障
>
> イ　1年間の育児休業，3か月介護休業を保障
>
> ウ　妊娠，母性休暇を理由とする解雇の禁止
>
> エ　解雇権・懲戒権濫用の無効
>
> オ　表現，職業選択・学問の自由
>
> カ　1週40時間・1日8時間の法定労働時間
>
> キ　180日目までは育児休業開始前の賃金の67％，それ以降1年までは50％支給
>
> ク　法の下の平等
>
> ケ　就業規則変更時の合理性と周知の義務
>
> コ　男女の均等な雇用機会および待遇の確保
>
> サ　妊産婦の時間外労働の制限
>
> シ　セクシュアルハラスメント防止

（8）　権利と義務を持ち，自立した社会の一員として社会に積極的にかかわろうとすることを何というか。

（　　　　　　　　　　　　　）

（9）　国民を所得順に並べて，全世帯所得が全世帯の中央値の半分である人の比率を何というか。

（　　　　　　　　　　　　　）

（10）　ひとりの女性が生涯に出産する子どもの数の平均を示す数値を何というか。

（　　　　　　　　　　　　　）

（11）　民法改正の内容として当てはまるものをすべて選び，記号で答えよう。

ア　結婚可能年齢を男女ともに18歳に統一する。　　イ　選択的夫婦別姓の導入。

ウ　婚外子と婚内子の相続分を同等とする。　　　エ　同性婚の認定。

オ　5年以上継続して本旨に反する別居で離婚成立。

カ　協議離婚の際，監護者，面会交流，養育費を定め，子の利益を最優先して考慮する。

（　　　　　　　　　　　　　）

（12）　子どもがいない夫婦の一方が他界した場合，配偶者の父母が存命の時に父母への法定相続の割合は何分の1になるか。（　　　　）分の1

（13）　家庭生活を豊かに営むために必要な生活技術を何というか。（　　　　　　　）

（14）　人の多様性を尊重することと多様な人を社会に取りこむことをあわせて何というか。

（　　　　　　　　　　　　　）

01 子どもと出会う 02 子どもの心とからだの発達 教 p.36〜39

1 子どもの発達区分について（　　）に適語を記入しよう。 ★

(1　　　　)期 誕生〜生後4週目	(2　　　　)期 生後1年まで	(3　　　　)前期 1〜2歳まで	(3　　　　)後期 3歳〜就学まで	(4　　　　)期 就学〜12歳まで
3〜4時間の周期で，1日の70〜80％は眠っている。	離乳が進み，歩行や(5　　　)を覚え始める。特定の大人との基本的信頼感を形成する。	模倣や探索活動が活発化する。(6　　　)が芽生え，何でも自分でやろうとする。	自我が育ち，基本的な生活習慣を身につけ，自立，仲間との(7　　　)性も強まる。	運動能力を高め，(8　　　)を増大させ，ものごとを理解し，規範意識を強める。

2 子どもの発達を支えるものについて（　　）に適語を記入しよう。 ★

　人間は他の多くの生物と異なり，からだの機能が未熟な状態で誕生する。これを(1　　　　　)という（他の哺乳類と同様の発育状態で生まれるには，さらに1年の在胎期間が必要だといわれる）。立ったり，しがみついたり，飲んだりすることも自分ではできない。そのため，親などの特定の大人が，泣きや(2　　　　)による赤ちゃんのうったえに，授乳やおむつ替え，抱っこなどで適切に応答し，赤ちゃんの命を保つ必要がある。

　こうした温かい応答的なやりとりを通して，赤ちゃんの欲求は満たされ，特定の大人との間に愛着((3　　　　　　))関係が形成される。愛着関係は「この人となら安心・大丈夫」といった，特定の大人との情緒的な結びつきであり，自分がかけがえのない存在として愛されている実感をもたらし，人に対する基本的(4　　　　)や自己(5　　　　)の土台ともなる。乳幼児期に確かな愛着関係がはぐくまれることは，心身の発達だけではなく，社会的・情緒的発達を支えるうえでとても大切である。

3 次の語句とその説明を線で結ぼう。 ★

(1) 生理的微笑　　　・

(2) ベビースキーマ　・

(3) 安全基地　　　　・

(4) 愛着障害　　　　・

(5) 母子健康手帳　　・

・ア　恐れや不安などのネガティブな感情が生まれて戻ってきた子どもを確実に受け止め，子どもの探索を必要以上に侵害しない愛着関係の対象である大人の役割。

・イ　母親の妊娠や出産の経過から，子どもの小学校入学前までの健康状態，発育や発達，予防接種などが記録できる。

・ウ　乳幼児期に愛着関係が適切に形成されず，情緒的にひきこもったり，だれにでも過度に社交的にふるまったり，自分を傷つけるような行動をとったり，過剰に人を警戒すること。

・エ　赤ちゃんが持っている，人をひきつける身体的特徴。大きい頭，広いおでこ，ふくらんだほほ，黒目がちな目などのこと。

・オ　生まれながらにして備わっている筋肉の動きで，生まれたばかりの赤ちゃんが寝ながら浮かべる微笑み。

4 出生前診断について考えよう。 ★★★

　妊娠中に胎児の疾病や障がいがあるかどうか調べることを出生前診断という。2013年4月から2020年10月までにNIPT検査を受けた人のうち、陽性者は1556人。その後の確定検査で陽性だった1437人のうち1083人が中絶を選んでいる。

　あなたは将来自分、またはパートナーが妊娠したとき、出生前診断を受けたいと思うかどうか考えてみよう。

　（　はい　・　いいえ　）

　また、その理由を書いてみよう。

■ 新出生前診断を受ける場合の検査の流れ

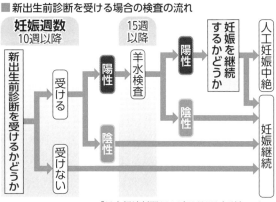

「日本経済新聞2012年9月8日夕刊」による

MEMO

02 子どもの心とからだの発達

教 p.40〜43

1 子どもの発達区分について考えよう。

（1）次の（　　）に適語を記入しよう。　★

　生後1年間のからだの発育はめざましく，体重は約(^{1}　　）倍，身長は約(^{2}　　）倍に増加する。4か月を過ぎるころには自発的にからだが動かせるようになる。A運動機能は，頭部から下方へ，粗大な運動から微細な運動へという発達の原則がある。養育者は，B子どもの発達に合わせて，着替えや抱き方に配慮する必要がある。特定の大人との(^{3}　　　　）関係が強くなる6か月のころには，あやすと喜ぶなど，人とのやりとりを楽しむようになる。一方，見慣れない人に不安や恐れを感じて泣くなど，(^{4}　　　　　）が表れる。喜んだり，怒ったり，怖がったりなど，基本的な情緒が発達する時期でもある。手のひらと膝を床につけ四つんばいの状態のまま移動する(^{5}　　　　　）などで移動できるようになる9〜10か月ころになると，周囲の環境に好奇心を持って積極的にかかわるようになる。嬉しい時や何かしてほしい時など身ぶりや声で思いを表すようにもなる。相手が話す内容も分かるようになり，C言葉が獲得されていく。

（2）下線部Aのように運動機能の発達には順序性がある。粗大運動と微細運動を発達の順に並べ替え，記号で答えよう（一般的な順序であり，この通りにならないこともある）。　★

　① 粗大運動（0〜1歳）

　　ア　伝い歩きする　　イ　ハイハイする　　ウ　ひとりで歩く　　エ　寝返りする

　　オ　首がすわる　　カ　つかまり立ち　　キ　ひとりで座る

　　（　　）→（　　）→（　　）→（　　）→（　　）→（　　）→（　　）

　② 粗大運動（1歳6か月〜6歳）

　　ア　ケンケンをする　　イ　なわとびをする　　ウ　両足で跳ぶ　　エ　走る

　　オ　スキップをする　　カ　三輪車をこぐ　　キ　階段をひとりで上る

　　（　　）→（　　）→（　　）→（　　）→（　　）→（　　）→（　　）

　③ 微細運動（0〜1歳）

　　ア　積み木を積む　　イ　親指を使ってつまむ（ピンセットつかみ）　　ウ　なぐり書きをする

　　エ　手のひら全体でにぎる（熊手つかみ）　　オ　物に手を伸ばしてつかむ

　　（　　）→（　　）→（　　）→（　　）→（　　）

　④ 微細運動（1歳6か月〜6歳）

　　ア　はさみで円を切る　　イ　簡単な折り紙が折れる　　ウ　ペットボトルのふたを回す

　　エ　ひもを結ぶ　　オ　はさみで直線を切る

　　（　　）→（　　）→（　　）→（　　）→（　　）

（3）乳幼児のからだの発育について次の問いに答えよう。　★

　① 下線部Bについて，赤ちゃんの脚の形，脊柱のわん曲はアルファベットのどの形に似ているか。

　　　　　　　　　　　　脚の形…（　　）型　　脊柱のわん曲…（　　）字カーブ

　② 下線部Bについて，乳児の胃の形はとっくり型で逆流しやすく，また満腹中枢の未発達などより吐くこと（溢乳）があるので，授乳後には何をさせるとよいか。

　　　　　　　　　　　　　　　　　　十分に（　　　　　　）をさせる。

③　新生児の頭蓋骨には出産の際に狭い産道を通れるように骨と骨の間にすき間がある。アとイのすき間を何というか。

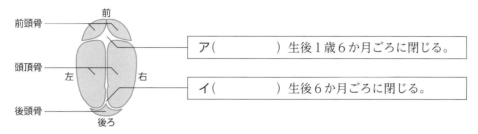

前頭骨

頭頂骨　左　右

後頭骨　後ろ

ア（　　　　　　）生後1歳6か月ごろに閉じる。

イ（　　　　　　）生後6か月ごろに閉じる。

（4）下線部Cについて，ア～カを言葉発達の順に並べ替え，記号で答えよう。　★

ア　二語文を話す　　　イ　簡単な言葉がわかる　　　ウ　アーウーなどの声を出す
エ　一語文を話す　　　オ　自分の名前をいう　　　カ　喃語を話す

（　　　）→（　　　）→（　　　）→（　　　）→（　　　）→（　　　）

2　原始反射とその説明を線で結ぼう。　★

（1）モロー反射　・　　　　　・ア　手のひらや足のうらに物がふれるとぎゅっとにぎりしめる。
（2）吸啜反射　・　　　　　・イ　からだを支えて足のうらを床につけると，歩くような動きをする。
（3）把握反射　・　　　　　・ウ　乳首や指が口にふれると，それを吸おうとする。
（4）原始歩行　・　　　　　・エ　大きい音や急な動きに対して，両手指を開き，上に上げる。

3　次の語句の説明として当てはまるものを選択肢から選び，記号で答えよう。　★★

（1）頭足人……………………………（　　　）　　（2）指さし……………………………（　　　）
（3）第一次反抗期…………………（　　　）　　（4）一語文……………………………（　　　）

> ア　「マンマ」「ワンワン」「ブーブー」などのように一つの意味のある単語のこと。
> イ　何にでも「イヤ！」といったり，思い通りにならないとかんしゃくを起こしたりする。自我の正常発達であり，1歳6か月から3歳ころに多くみられる。
> ウ　幼児初期の描画にみられる頭(顔)から直接，足がはえた絵のこと。
> エ　興味のあるものや，ほしいものに対して要求する時に人差し指を向ける行動。

MEMO

03 子どもの生活

教 p.44～49

1 生活習慣について（　）に適語を記入しよう。 ★

■基本的生活習慣

	(¹　　　)	(²　　　)	(³　　　)	(⁴　　　)	(⁵　　　)
身につけること	1歳半でスプーン，4歳ごろにはし。	トイレで排せつできるようにする。	規則正しい生活リズム。	洗顔・歯みがき・手洗い・うがい・鼻をかむなど。	1歳半ころから自分。4歳ごろからひとりで着脱。
援助	食事の時間管理。よくかんで食べる。好き嫌いをなくす。	おむつを替えると心地よいといった感覚をはぐくむ。	SIDS予防のためあおむけで寝かせる。必要に応じて昼寝。	虫歯や感染症予防のため，歯みがき・うがい・手洗いを習慣化。	気候などに応じて自分で衣服を調節できるようにする。

■社会的生活習慣

身につけること	社会の一員として(⁶　　　)をする，公共の場や物に対する(⁷　　　)を守る。
援助	子どもとの日々のやりとりから，その習慣の意味や必要性を(⁸　　　)伝える。無理強いしたり，一方的にしかったりするのではなく，子どもの思いを認め，粘り強く援助することで，子どもの自己肯定感や自分でやろうという(⁹　　　)もはぐくまれていく。

2 生活リズムの説明として正しいものには〇を，誤っているものには×を書こう。 ★

（1）ホルモン分泌・体温変動に関連　（　　　）

（2）日本の子どもの睡眠時間は，諸外国に比べ長い方である。　　　（　　　）

（3）脳やからだの発達と関連　（　　　）　（4）情緒や活動意欲とは無関係　（　　　）

（5）新生児は3時間ごとの授乳以外はほとんど眠っている。　　　（　　　）

（6）1歳ころには午前と午後の二回昼寝をし，夜の睡眠は朝まで起きない。　　　（　　　）

3 子どもの月齢と離乳食について正しいものを線で結ぼう。また，子どもの食事について（　）に適語を記入しよう。 ★

（1）5～6か月　・　　・ア　歯ぐきでつぶせる固さ（5倍かゆ・1日3回食・楽しい食卓経験）

（2）7～8か月　・　　・イ　歯ぐきでかめる固さ（おこわ・生活リズムを整える・手づかみ食べ）

（3）9～11か月　・　　・ウ　舌でつぶせる固さ（煮こみうどん・1日2回食・食品の種類を増やす）

（4）12～18か月　・　　・エ　なめらかにすりつぶした状態（10倍かゆ・1日1回1さじずつ）

　濃い味つけは素材本来の味を楽しめなくなり，内臓にも負担がかかるため，(¹　　　)にする。幼児期には，3回の食事では必要なエネルギーを摂取できないため(²　　　)（おやつ）が必要である。

4 母乳栄養と人工栄養について，母乳栄養に関するものをすべて選び，記号で答えよう。 ★

ア　特に初乳に免疫物質を含んでいる。　　イ　誰でも授乳できる。

ウ　災害用の備蓄として期待されている。　エ　調乳・消毒が必要な場合もある。

オ　母親が服薬していると与えられない。　カ　消化吸収がよく代謝の負担が少ない。　（　　　）

5 子どもの衣服の説明として正しいものには〇を，誤っているものには×を書こう。 ★

（1）皮膚（ひふ）が敏感なので清潔で肌（はだ）ざわりがよいものにする。 （ 　 ）

（2）運動機能を獲得する時期なので，体にぴったりフィットしたものにする。 （ 　 ）

（3）寒さを防ぐため，フードつきのデザインがよい。 （ 　 ）

6 子どもの健康と安全について（　　　）に適語を記入しよう。 ★

　子どもは，生後6か月を過ぎると，母親から受け継（つ）いだ先天性（¹　　　　　）がなくなり始め，感染症にかかりやすくなる。子どもと病気は切り離せない関係にあるが，予防に努めると共に重症化させないよう，早期に異常を発見することが大切である。特に乳児は抵抗力が弱いため，（²　　　　　）（抱っこをせがむ，ぐずる），（³　　　　　）（顔が青白い，頬が赤い，目がうるむ），食欲（食べなくなる），体温（熱が高い），（⁴　　　　　）（原因がないのに泣く），寝つきが悪い，便の異常，嘔吐（おうと），咳（せき）などからからだの状態を確認する。

7 次のイラスト（教科書p.49）を見て家庭内の危険な場所をチェックしよう。 ★★

MEMO

04 子どもと遊び

教 p.50〜53

1 子どもの発達を支える遊びについて考えよう。

（1）次の（　）に適語を記入しよう。 ★

　子どもの生活の中心は（¹　　　　）である。運動機能や知性の発達に応じて子どもが楽しむ遊びも変化する。子どもにとってはあらゆることが遊びへとつながり，遊びを通してさまざまな（²　　　　）をする。A からだを動かすこと，何かをつくること，なりきること，想像することなど，遊びにはさまざまな楽しさがあり，それらが複合的に組み合わさっている。

　子どもは，何かを学ぶために遊んでいるわけではない。しかし，（³　　　　）的に遊ぶ経験は，何ごとにも代えがたい学びとなっている。周囲の環境に興味や関心を持ち，積極的に働きかけ，粘り強く取り組もうとする態度は，子どもの（⁴　　　　）をはぐくむ。いろいろな感情を体験しながら，協力したり，話しあったりするなど，（⁵　　　　）もはぐくまれる。感動したり，発見したり，工夫したり，試行錯誤する姿からは，（⁶　　　　）のめばえを見てとれる。何より，楽しい・自分でできた，という満足感・達成感は（⁷　　　　）や自己肯定感の土壌となる。

　このように，B 遊びは人間が生きるための基盤を形成する。遊んでいる子どもは真剣である。その真剣さは，自らやりたいことに取り組んでいるからこそ生まれるのであり，その真剣さが遊びを充実させるのである。

（2）下線部Aにより，遊びの種類とその説明を線で結ぼう。 ★

①　感覚・運動遊び・　　　　・ア　つくることを楽しむ（積み木・ブロック・粘土・泥団子・砂山）
②　想像遊び　　　・　　　　・イ　親から子へと受け継がれてきた遊び（かくれんぼ，たこあげ，お手玉）
③　構成遊び　　　・　　　　・ウ　模倣・なりきることを楽しむ（いないないばぁ，ままごと，見立て）
④　受容遊び　　　・　　　　・エ　見たり聞いたりすることを楽しむ（絵本・紙芝居・劇など）
⑤　伝承遊び　　　・　　　　・オ　からだの感覚・動きを楽しむ（ガラガラ・たかいたかい・遊具・鬼ごっこ）

（3）下線部Bについて，社会性の発達から見た遊びの類型とその説明を線で結ぼう。 ★

①　ひとり遊び　・　　　　　・ア　隣で遊ぶ
②　協同遊び　　・　　　　　・イ　他の子どもの遊びを見る
③　並行遊び　　・　　　　　・ウ　自分のペースで対象とじっくりかかわる
④　傍観遊び　　・　　　　　・エ　共通の目的を持ち，協力・工夫して遊ぶ

2 現代の子どもの遊び環境について考えよう。

（1）次の（　）に適語を記入しよう。 ★

　近年，子どもの（¹　　　　）能力の低下が問題となっている。その要因として，遊びに不可欠な三つの間（²　　　　）・（³　　　　）・（⁴　　　　）が減り，（⁵　　　　）で自由に遊ぶ機会が少なくなったことがあげられる。一方，公園や保育施設では，A 子どもの声がうるさいという苦情も増えている。また，大人が子どもに対して，危険性を伴う遊びや汚れる遊びを制限しすぎる傾向もある。子どもの遊ぶ環境や遊びの量や質については，次世代を担う子どもを育てていく社会全体の問題として考える必要がある。

（2）　下線部Aについて，東京都は乳幼児の成長過程に必要として子どもの声を騒音から外した。これについてあなたはどう考えるだろうか。 ★

3 教科書p.52を参考にして，（　　）に適語を記入しよう。 ★

実習の流れ

（1）実習先について調べる

≫ 所在地，園長名，保育方針や特色，(¹　　　　　)数・クラス数などを調べておく。

（2）実習内容の確認

≫ 配属クラス，実習時間を確認する。

（3）事前準備

≫ 実習先の指導，実習内容に応じて準備する（実習着，上履き，絵本，遊び道具など）。

（4）実習

≫ 子どもとの(²　　　　　　)を楽しもう。

（5）振り返り

一緒に実習に行った他の人とも(³　　　　)を共有しながら，気づいたことを整理しよう。

MEMO

05 子どもの育つ環境と社会

教 p.54〜57

1 集団生活の場について（　）に適語を記入しよう。　★

名称	(¹　　　　　)	認定こども園	保育所	地域型保育
管轄	文部科学省	内閣府	厚生労働省	地方自治体
対象年齢	3〜5歳	0〜5歳	0〜5歳	(²　　　　　)
保育料	園により異なる	自治体が定めた金額		
入園資格	制限なし	制限なし	(³　　　)を必要とする事由に該当	

2 子育て支援や法律とその説明を線で結ぼう。　★

（1）育児・介護休業法　・

（2）学童保育　・

（3）女子差別撤廃条約　・

（4）母子保健法　・

（5）男女雇用機会均等法　・

（6）子育てひろば　・

（7）労働基準法　・

・ア　母子手帳交付，妊婦検診・乳幼児健診など母子保健に関する法律。

・イ　子育て家庭が歩いて行けるような身近な場所に親子集まって相談・交流ができるように自治体が設置する場所。

・ウ　男女同一賃金，産休育休，生理休暇，妊産婦の労働制限に関する法律。

・エ　育児や介護のために短時間勤務や休みを与えることを企業側に義務づける法律。

・オ　家庭責任と職業上の責務・社会的活動参加の促進や妊娠を理由とした解雇の禁止を含めた男女の平等に関する条約。

・カ　企業の事業主が募集・採用・配置・昇進・福利厚生・定年・退職・解雇において性別を理由にした差別を禁止することなどを定めた法律。

・キ　小学生が放課後や長期休業中に職員と過ごす場所。

3 日本小児医会の提言である子どもとメディアのかかわりについて（　）に適語を記入しよう。　★

（1）(¹　　　　)までは，テレビ・DVDの視聴を控える。

（2）授乳中・(²　　　　)のテレビ・DVDの視聴はやめる。

（3）すべてのメディアへ接触する総時間を制限することが重要。1日(³　　　　)までをめやすと考える。

（4）(⁴　　　　)には，テレビ，DVDプレーヤー，パーソナルコンピューターを置かない。

（5）保護者と子どもでメディアをじょうずに利用する(⁵　　　　)をつくる。

4 日本の子育てが抱える課題について（　）に適語を記入しよう。　★

　第一に，保育所や学童保育が不足し，(¹　　　　　　)が社会問題化するなど，子育て支援制度の不十分さがある。子育てに対する日本の公的な財政支援は，世界的に見てもきわめて低い水準にある。子育てにかかわる財政，場所，そして担い手を，十分に確保していく必要がある。

　第二に，制度の不十分さにより，母親の(²　　　　　　)がきわめて大きいことがある。子どもは3

年　　　組　　　番　名前　　　　　　　　　　　検印

歳までは常時家庭において母親の手で育てないと，子どもの成長に悪影響を及ぼすという(³

　　　)や，母性を過度に強調する(⁴　　　　　)が子育て中の母親を追いつめている。一般的に多くの
母親は，子育てに喜びを感じ，家庭教育に熱心に取り組んでいる。また近年，自分を犠牲にしてでも子ど
ものためにつくすべきだと考える傾向は，ますます強くなっている。そうしたなかで，子育ての責任が母
親に集中しがちな状況がある。仕事・家事・育児のすべてを母親ひとりでこなす状態を(⁵

　　　)という。男女が共に子育てをできる支援が必要とされている。

　これらのことは(⁶　　　　　　　　　　　　　)【仕事と生活の調和】の確保という課題としてまと
められる。

5 妻と夫の育児・家事関連時間の国際比較について考えよう。 ★★★

　日本の母親の育児時間は，諸外
国と比べてきわめて長く，男性の
育児休業取得率はきわめて低い。
働く人の長時間労働の問題と合わ
せて，時間の使い方は，私たちの
生活設計における大きな課題と
なっている。

　あなたは，どんな子育てが理想
だと思うか。また，そのためにど
んな働き方を望むか答えよう。

■ 6歳未満の子どもを持つ夫婦の家事・育児関連時間（1日当たり，国際比較）

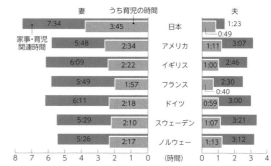

内閣府「男女共同参画白書(令和2年版)」による

(備考) 1. Eurostat "How Europeans Spend Their Time Everyday Life of Women and Men" (2004),
Bureau of Labor Statistics of the U.S. "American Time Use Survey" (2018)及び総務省「社会生
活基本調査」(2016年)より作成。
2. 日本の数値は，「夫婦と子供の世帯」に限定した夫と妻の1日当たりの「家事」，「介護・看護」，「育児」
及び「買い物」の合計時間(週全体平均)である。

MEMO

06 子どもの権利と福祉

教 p.58〜59

1 子ども観の変化と子どもの権利について（　）に適語を記入しよう。 ★

　第二次世界大戦後に日本で制定された(¹　　　　　　)法，(²　　　　　　)は，子どもたちが戦争で悲惨な被害を受けたことを踏まえ，安全で衛生的な環境で保護されるべき存在としての子ども観を広めた。その後，国連で定められた(³　　　　　　)条約は，子どもの最善の利益の考慮や(⁴　　　　　　)権など，子どもを，ただ守られるだけではなく大人と同等のひとりの人間と見る子ども観を示した。そこには，(⁵　　　　　)される客体から(⁶　　　　　)を持つ主体へと位置づけるという，子ども観の変化が見てとれる。

　子ども観の変化の背景には，Welfare〔ウェルフェア〕から(⁷　　　　　　)へという考え方の変化がある。未来を担うべく子どもは保護される存在であると同時に，かけがえのない今を共に生きる大切な仲間でもある。

■子どもに関わる法律・憲章・条例

児童福祉法

第1条　全て児童は，児童の権利に関する条約の精神にのっとり，適切に(¹　　　　　)されること，その生活を保障されること，愛され，(²　　　　　)されること，その心身の健やかな成長及び発達並びにその(³　　　　　)が図られることその他の福祉を等しく保障される権利を有する。

第2条　全て国民は，児童が良好な(⁴　　　　　)において生まれ，かつ，社会のあらゆる分野において，児童の年齢及び発達の程度に応じて，その(⁵　　　　　)が尊重され，その最善の利益が優先して考慮され，心身ともに健やかに育成されるよう努めなければならない。

　○2　児童の保護者は，児童を心身ともに健やかに育成することについて第一義的(⁶　　　　　)を負う。

　○3　国及び地方(⁷　　　　　)は，児童の保護者とともに，児童を心身ともに健やかに育成する責任を負う。

児童憲章

　われらは，日本国憲法の精神にしたがい，児童に対する正しい観念を確立し，すべての児童の幸福をはかるために，この憲章を定める。

　児童は，(⁸　　　　)として尊ばれる。

　児童は，社会の(⁹　　　　)として重んぜられる。

　児童は，よい(¹⁰　　　　)の中で育てられる。

子どもの権利条約

権利の内容

(¹¹　　　　)権利：健康に生きるために，十分な水や食料，また適切な医療や社会保障などを受ける権利

(¹²　　　　)権利：教育を受ける権利。休んだり遊んだりする権利。また考えることや信じることの自由が守られる権利

(¹³　　　　)権利：身体的・精神的・性的などあらゆる虐待や搾取から保護される権利。

(¹⁴　　　　)権利：自由に自分の意見を表明し，集団に参加し，自由に活動を行う権利。

2 次の語句とその説明を線で結ぼう。 ★★

（1）児童手当　　　・

　　　　　　　　　　　　　　・ア　虐待や経済的理由などの家庭的な理由で保護者のもとで暮らせ
　　　　　　　　　　　　　　　　ない子どもを乳児院，児童養護施設，里親制度などで社会的に養
（2）就学援助　　　・　　　　　　育すること。

　　　　　　　　　　　　　　・イ　子どもが生まれ育った環境に影響されずに生活できるよう対策
（3）社会的養護　　・　　　　　　することなどを定めている。

　　　　　　　　　　　　　　・ウ　中学校卒業までの児童を養育する方に支給される手当のこと。

（4）児童虐待防止法　・　　　　・エ　経済的理由により，就学困難な子どもの保護者に対して市町村
　　　　　　　　　　　　　　　　が行う援助のこと。

（5）子どもの貧困　・　　　　　・オ　虐待によって児童の成長や人格形成に悪影響を及ぼすことを防
　　　対策法　　　　　　　　　　止することを定めている。

3 子どもの性的被害とSNSの普及について考えよう。

（1）次の（　　）に適語を記入しよう。　　　　　　　　　　　　　　　　　　　★

　日本は，子どもの性的被害に対して，対策が十分でない国として世界的に知られている。子どもをポル
ノグラフィの対象とすること，保護の（¹　　　　　）として性的に搾取することは，決して許されることで
はない。また近年のSNSの普及は，いわゆる「自撮り被害」や「（²　　　　　　　　　）」（元交際相手や
元配偶者などが別れた腹いせなどの理由から，交際時に撮影した，性的な写真や動画をインターネットに
公開する行為）など，新たな性的被害を生み出し拡散している。こうした犯罪の被害者にならないよう心が
けると共に，加害者にもならないよう，他者の性にかかわる自己決定を尊重することを常に心がけたい。

（2）下線部について，性的被害を防ぐために自分ができることを考えよう。　　　★★★

```



```

MEMO

----

07 子どもと共に育つ

教 p.60～61

1 自分の性や生殖にかかわることを自分で決定する権利と出生前診断について（　　）に適語を記入しよう。 ★

　リプロダクティブ・ヘルスとは，健全な性的(¹　　　　　)を保障され，(²　　　　　　)に関するすべての行為(妊娠・出産・避妊・不妊治療など)において，安全で健康であることを示す。リプロダクティブ・ライツとは，(³　　　　　　　)を生むか生まないか，またいつ(⁴　　　　　　)生むのかといったことについて，(⁵　　　　　)で決定する権利であり，望まない妊娠や(⁶　　　　　　　)を防ぐための情報や手段を得る権利である。出生前診断とは，出生前に胎児に疾病や(⁷　　　　　　)があるかを診断することである。しかし，出生前診断を実施することは「(⁸　　　　)の選別」につながるという批判もある。

2 教育基本法と児童虐待防止法について（　　）に適語を記入しよう。 ★

教育基本法10条：父母その他の保護者は，子の教育について第一義的(¹　　　　　)を有するものであって，生活のために必要な(²　　　　　)を身に付けさせるとともに，(³　　　　　　)を育成し，心身の調和のとれた発達を図るよう努めるものとする。(1947年制定，2006年改正)

児童虐待防止法：子どもとかかわる周囲の大人に，児童虐待の防止と早期発見のための(⁴　　　　　　)などへの通告を求めている。(4)では子どもたちや保護者のSOSの声をキャッチするため全国共通ダイヤル「(⁵　　　　　)」(いちはやく)を設置している。児童虐待は，次の四つに分けられる。

(⁶　　　　　)虐待：なぐる，ける，たたく，投げ落とす，激しく揺さぶる，やけどを負わせる，溺れさせる，首を絞める，なわなどにより一室に拘束する　など

(⁷　　　　　)虐待：子どもへの性的行為，性的行為を見せる，性器をさわるまたはさわらせる，ポルノグラフィの被写体にする　など

(⁸　　　　　)虐待：言葉によるおどし，無視，きょうだい間での差別的扱い，子どもの目の前で家族に対して暴力をふるう，きょうだいに虐待行為を行う　など

(⁹　　　　　)：家に閉じこめる，食事を与えない，ひどく不潔にする，自動車の中に放置する，重い病気になっても病院に連れて行かない　など

3 次の（　　）に適語を記入しよう。 ★

　社会の一員である私たちは，将来，この社会を担う子どもが，すこやかに育ち未来に希望を持つことできるような環境を整える(¹　　　　　)がある。人口(²　　　　)社会を迎え，私たちの生活は，(³　　　　　)のなかでの助けあいだけではもはや成り立たない。子どもを持ち親になれば，子どもに対する重大な責任を担うことはいうまでもない。しかし，家族だけでなく，社会全体で(⁴　　　　　　)に取り組むしくみをつくることは，私たちみんなの課題である。

　そもそも大人も，そして親も，場面によってさまざまな(⁵　　　　)を持ち，未熟で不完全な部分を抱えながら，(⁶　　　　　)し続ける存在である。子どもにもいろいろな姿があるように大人にもいろいろな姿がある。また大人も，子どもが成長するように，時を重ねて変化していく。子どもという身近な他者とのかかわりを通して，他者の権利を(⁷　　　　)し，また自分自身の(⁸　　　　)で幸福な生活を，自分で切り拓いていけるようになるための手がかりを考えたい。

4 教科書p.61「子どもを持つ人生，持たない人生」を読み，感じたことや考えたことを書こう。★★★

5 子どもの存在について考えよう。★★★

■子どもという存在

	生活や人生を豊かにしてくれる存在	自分とは独立した人格を持つ存在	配偶者・パートナーとの関係をつないでくれる存在	将来の社会を担ってくれる存在	苦労や心配が多い存在	お金のかかる存在	先祖や家を受け継いでくれる存在	自分の夢を託すことのできる存在	自分の自由を束縛する存在	将来、自分の面倒をみてくれる存在
日本	66.6 ①	42.6 ②	42.3 ③	15.2	14.7	10.3	9.0	6.1	5.2	3.6
中国	79.0	81.4	13.5	51.8	16.2	11.0	8.8	9.2	4.7	26.2
インドネシア	45.0	31.2	26.2	55.6	2.1	0.3	64.3 ①	57.0 ③	4.7	57.9 ②
フィンランド	98.9 ①	66.7 ②	16.1	48.3 ③	3.3	4.4	13.9	5.6	12.8	11.1

(%)

4か国の比較データを見ると「生活や人生を豊かにしてくれる存在」と多くの人が考えているのがわかる。

日本では，他国と比較して，配偶者・パートナーとの関係をつないでくれる，と考えられている場合が多い。また，先祖や家を受け継いだり，将来自分の面倒を見てくれることを子どもに期待したりする割合は低いが，同時に，将来の社会の担い手として子どもをとらえる意識が低い。

ベネッセ教育総合研究所「幼児期の家庭教育国際調査(2018年)」による

あなたは子どもをどんな存在だと思うか。考えて書こう。

MEMO

章末問題

1. 子どもについての文章を読み，次の問いに答えよう。

　運動機能の発達には，一定の方向と順序があり，頭部から臀部へ，中心部から末端部へと発達していく。動きは，全体的な動きから細かい動きへと発達する。なかでも，指先は第二の（　①　）といわれ，手指の発達が（　①　）を刺激し，他の分野の発達へとつながっていく。

　言葉の発達を見てみよう。3〜6か月になると「ダーダー」，「アーウー」，「バブバブ」など2つ以上の音を発する（　②　）を話し始め，1歳を過ぎたころから「ママ」「パパ」などの意味のある単語を話すようになる。これを（　③　）という。しかし，言葉の発達には個人差が大きく，2歳になるまであまりしゃべらなかった子が急に話し出すこともあり，聴力や人に興味があるかなどで発達の状況を判断する。

　生まれて間もない時期の赤ちゃんは寝ながらにっこり笑うことがある。これを（　④　）といい，嬉しいから笑うわけではなく，生まれながらに備わっている筋肉の動きだとされている。生理的な快・不快と結びついていた感情が発達し，喜び・驚き・悲しみ・怒り・恐れなどの基本的情緒が9か月ごろまでに出そろう。

　社会性は，身近な大人とのかかわりを通して発達する。何でも「イヤ！」といったり，思い通りにならないとかんしゃくを起こしたりする（　⑤　）期では，「自分でやりたい」という気持ちを尊重し，達成感を充足できるように接すると，子どもの自信がはぐくまれる。

　食事，睡眠，排せつ，着脱衣，清潔といった（　⑥　）習慣は，健康な生活の基礎となる。子どもの発達や性格に合わせ，子どもとの日々のやりとりを通して身につけさせていく。社会の一員として，あいさつする，ルールを守るといった社会的生活習慣も同様に，子どものよい手本になりつつ繰り返し伝えて身につくように援助する。

　子どもの病気は進行がはやく，急変しやすいので子どもの顔色や動作，食欲などから早めに発見し，適切に対応する必要がある。日ごろから定期健康診査や育児相談を受けたり，（　⑦　）を受けて，人工的に免疫をつくって病気を避けたり重症化を予防したりするとよい。

　子どもは，体の発達が著しく，活発に動くので小さい体の割には多くの栄養が必要である。授乳では，母乳または育児用ミルクを用いる。生後5〜6か月ころからは，消化吸収能力が発達してくるので，半固形状の（　⑧　）を与え始めることが多い。1〜1歳半ころまでに固形食へ移行する。

　遊びには，「（　⑨　）」「（　⑩　）」「（　⑪　）」の三つの間が必要で，遊びを通して周囲の環境に興味や関心を持ち，主体性や，社会性，運動能力などを養う。

（1）（　）①〜⑪に適語を記入しよう。

①（　　　　　）　②（　　　　　）　③（　　　　　）　④（　　　　　）

⑤（　　　　　）　⑥（　　　　　）　⑦（　　　　　）　⑧（　　　　　）

⑨⑩⑪（　　　　　）（　　　　　）（　　　　　）

（2）下線部について，次のア〜キの発達の順番として正しいものを次ページの選択肢から選び，記号で答えよう（個人差があり，すべての子どもがこの順序をたどるわけではない）。

ア　階段をひとりで上る　　イ　首がすわる　　ウ　ひとりで歩く　　エ　つかまり立ち

オ　スキップができる　　カ　ひとりで座る　　キ　寝返りをする

a　イキエカウアオ　　b　イカキエウアオ　　c　イキカエウアオ　　d　イカキエウオア
e　イキカエウオア

（　　　　）

（3）　乳児と特定の人物との間につくられる愛と絆，基本的信頼関係のことを何というか。

（　　　　　　　　　）

（4）　3歳までは母親の手で育てないと，のちのち取り返しのつかないダメージを子どもに与えるという
考えを何というか。　　　　　　　　　　　　　　　　　　　　（　　　　　　　　　）

（5）　次の幼児の遊びから想像遊びを一つ選び，記号で答えよう。
ア　積み木　　　　イ　ままごと　　　ウ　ガラガラ　　　エ　絵本　　　オ　ボール遊び

（　　　　）

（6）　出産後，数日間分泌される，免疫物質を特に多く含む母乳を何というか。　　（　　　　　　）

（7）　子どもの衣服について正しいものには○を，誤っているものには×を書こう。
①　乳児期は，手指の発達を促すため，ひもなどの装飾があるものがよい。　　　　（　　　）
②　新陳代謝が激しく，汗をかきやすいので，ようすを見て頻繁に着替えさせる。　（　　　）
③　自分で着脱できるように着脱しやすい服にする。　　　　　　　　　　　　　　（　　　）
④　皮膚が敏感なため，清潔で肌触りがよい素材にする。　　　　　　　　　　　　（　　　）
⑤　防寒に優れているためフードつきのものがよい。　　　　　　　　　　　　　　（　　　）

（8）　次の語句や法律とその説明を線で結ぼう。

①　育児・介護休業法・　　　　・ア　母子手帳交付，妊婦検診・乳幼児健診など母子保健に関する
法律。

②　ベビースキーマ　・　　　　・イ　赤ちゃんが持っている人をひきつける身体的特徴。大きい頭，
広いおでこ，ふくらんだほほ，黒目がちな目などのこと。

③　女子差別撤廃条約・　　　　・ウ　男女同一賃金，産休育休，生理休暇，妊産婦の労働制限に関
する法律。

④　母子保健法　　　・　　　　・エ　育児や介護のために短時間勤務や休みを与えることを企業側
に義務づける法律。

⑤　ネグレクト　　　・　　　　・オ　家庭責任と職業上の責務・社会的活動参加の促進や妊娠を理
由とした解雇の禁止を含めた男女の平等に関する法律。

⑥　母子健康手帳　　・　　　　・カ　家に閉じこめる，食事を与えない，ひどく不潔にする，自動
車のなかに放置する，重い病気になっても病院に連れて行かな
いなどの虐待。

⑦　労働基準法　　　・　　　　・キ　母親の妊娠や出産の経過から，子どもの小学校入学前までの
健康状態，発育や発達，予防接種などが記録できるもの。

01 高齢者を知る / 02 高齢社会の現状と課題

教 p.64〜67

1 日本老年学会では，近年高齢者を年齢別にどのように定義することを提言しているか。 ★

（1）64〜74歳：（　　　　　　　）

（2）75〜89歳：（　　　　　　　）

（3）90歳〜　：（　　　　　　　）

2 健康寿命とはどのような期間か。 ★★

3 平均寿命と健康寿命について考えよう。 ★★

■平均寿命と健康寿命の変化

平均寿命

健康寿命

男性　女性

100
（歳）

78.1　69.4　81.0　72.1　84.9　72.7　87.1　74.8

50

0
平成13年　平成28年　平成13年　平成28年

内閣府「高齢社会白書（平成30年版）」による

平均寿命と健康寿命には，どのくらい差があるだろうか。左の図を見て当てはまるものを選択肢から選び，記号で答えよう。

ア　約1歳	イ　約5歳
ウ　約10歳	エ　約15歳

（　　　　）

4 高齢期について（　　）に適語を記入しよう。 ★

　高齢期は，体力の低下などはあるが，(¹　　　　　　)や(²　　　　　　)などから解放され，自分が本当にやりたいことを自由に楽しむことができるという(³　　　　　　)な側面も大きい。

5 高齢期を楽しく過ごすために必要な条件は何だろうか。 ★★

6 健康寿命を延ばすために必要なことは何だろうか。 ★★

7 教科書p.65 (Column)のインタビューを読んで，次の問いに答えよう。

（1）インタビューを読んで，あなたが感じたことをまとめてみよう。　　★★★

（2）あなただったら他にどんなことが聞きたいか，考えて書こう。　　★★★

8 高齢社会の現状について（　　）に適語を記入しよう。　　★

　日本の65歳以上人口は（¹　　　　　　）人で，高齢化率は（²　　　　）％となり，（³　　　　　　）を迎えた。現在の高齢者の暮らしについて，高齢者と子どもの同居世帯は（⁴　　　　）傾向にあり，高齢者のみの世帯を見た場合，「（⁵　　　　　）の世帯」が（⁶　　　　）％，「（⁷　　　）世帯」が47.4％となっている。また，単独世帯の男女比は，男性は32.6％，女性は（⁸　　　　）％である。高齢者の所得を見ると，（⁹　　　）・（¹⁰　　　）のみという世帯が半数以上であり，それらが高齢者の経済生活を支えている。

■**高齢者の家族状況の変化**

子どもと同居　59.7　54.3　49.1　45.0　42.2　39.0　40.4
夫婦のみ　25.7　29.4　33.1　36.1　37.2　38.9　35.9
ひとり暮らし　11.2　12.6　14.1　15.5　16.9　18.0　19.6
その他の親族と同居
非親族と同居　4.0　0.1
1990　1995　2000　2005　2010　2015　2019(年)

注）1995年は兵庫県，2011年は岩手・宮城・福島県，2012年は福島県，2016年は熊本県の値を除いたもの。
厚生労働省「国民生活基礎調査」による

9 高齢社会について，現在どのようなことが課題になっているか，あげてみよう。　　★★

MEMO

03 高齢者の尊厳と自立の支援

教 p.68〜71

1 介護を担っているのはだれだろうか。要介護者から見た介護者の続柄について，次の図の①〜④に当てはまるものを書こう。　★

■要介護者から見た介護者の続柄

その他 0.5
不詳 19.6
（①）23.8%
別居の家族など 13.6
（④）12.1
その他の親族 1.7
父母 0.6
（③）7.5
同居 58.7%
（②）20.7

厚生労働省「国民生活基礎調査（令和元年）」による

① （　　　　　　　　　）

② （　　　　　　　　　）

③ （　　　　　　　　　）

④ （　　　　　　　　　）

2 次の言葉とその説明を線で結ぼう。　★

（1）エイジズム　・

（2）日常生活自立支援事業　・

（3）成年後見制度　・

（4）廃用症候群（はいよう）　・

（5）ユマニチュード　・

・ア　認知症など判断能力が不十分な人の財産や権利を保護するための民法上の制度。

・イ　認知症など判断能力が不十分な場合に，福祉サービスの利用援助や日常的な金銭管理，大切な書類の預かり（あず），定期的な訪問などの支援を行うもの。

・ウ　年齢差別，特に高齢者に対する偏見や差別。

・エ　「見る」「話す」「ふれる」による包括的コミュニケーションにもとづいたケア方法。

・オ　動けない状態が続くことで，心身の機能が低下し，関節が動かなくなる，褥瘡（じょくそう）（床ずれ），うつ状態などになること。

3 介護する人々への支援について，次の問いに答えよう。　★★

（1）介護の負担が特定の人だけにかかることにより，どのような問題が生じるだろうか。（ふたん）

（2）介護者にどのような支援があるとよいか考えよう。

4 認知症についての説明として正しいものには〇を，誤っているものには×を書こう。　★

（1）体験したことをまるごと忘れる（ヒントがあっても思い出せない）。　　　　　（　　　）
（2）症状は，あまり進行しない。　　　　　　　　　　　　　　　　　　　　　（　　　）
（3）判断力が低下する。　　　　　　　　　　　　　　　　　　　　　　　　　（　　　）
（4）日常生活に支障はない。　　　　　　　　　　　　　　　　　　　　　　　（　　　）
（5）自分が忘れっぽいことを自覚している。　　　　　　　　　　　　　　　　（　　　）

5 介助について（　　　）に適語を記入しよう。　★

（1）車いすの操作方法
　　上り坂ではしっかり（¹　　　）を締め，（²　　　　　　）進む。下り坂では進行方向の安全を確認して，
　（³　　　　　　　）でゆっくり進む。

（2）食事の支援
　　食事の支援の際には，スプーンなどに（⁴　　　　　）の量をのせ，要介護者にしっかりと（⁵　　　　）
　して確認してもらってから（⁶　　　）のなかへ運ぶ。最初に（⁷　　　　）やお吸い物などの（⁸　　　　）
　をすすめて，口のなかを（⁹　　　　　　）と飲みこみやすくなる。食べ物が誤って（¹⁰　　　）や肺に
　入り誤嚥が起こると，（¹¹　　　）や誤嚥性（¹²　　　　）などを起こし（¹³　　　）にかかわることもある
　ので注意する。

MEMO

04 高齢者を支える制度としくみ

教 p.72〜73

1 地域包括支援センターの業務について（　　）に適語を記入しよう。 ★

- (^{1}　　　　　　　　　　　　　)：自立生活に向けた支援を行う。
- (^{2}　　　　　　　　)：生活全般の困りごとに対して，解決に向けた支援を行う。
- (^{3}　　　　　　)：高齢者虐待の(^{4}　　　　　　　　　)を関係機関と連携して行う。
- 包括的・継続的ケアマネジメント：地域の(^{5}　　　　　　　　　)への(^{6}　　　　　)や(^{7}　　　　　)を行う。

2 地域包括支援センターについて，次の問いに答えよう。

（1）次の（　　）に適語を記入しよう。 ★

　　地域包括支援センターは，(^{1}　　　　　　　　)に定められた，地域の高齢者が健康で安心して暮らせるよう，(^{2}　　　　　)や(^{3}　　　　)に関する幅広い相談を受け，(^{4}　　　　　　)につないだり，高齢者の権利を擁護したりする(^{5}　　　　　　)であり，(^{6}　　　　　　)と連携をはかっている。全国に約5000か所あり，(^{7}　　　　　　　　　)の拠点ともなっている。

（2）地域包括ケアシステムが包括的に確保する五つの分野をあげてみよう。 ★

（　　　　　　　　　）（　　　　　　　　　　　）（　　　　　　　　　　　）

（　　　　　　　　　）（　　　　　　　　　　　）

3 介護保険における介護サービス利用のしくみについて，次の図の（　　）に当てはまるものを選択肢から選び，記号で答えよう。 ★

■介護保険における介護サービス利用のしくみ

介護サービスの利用の手続き

厚生労働省老健局「公的介護保険制度の現状と今後の役割（平成30年度）」による

①（　　　） ②（　　　） ③（　　　） ④（　　　） ⑤（　　　） ⑥（　　　）

⑦（　　　） ⑧（　　　） ⑨（　　　） ⑩（　　　） ⑪（　　　）

ア	介護予防サービス	イ	訪問介護	ウ	特別養護老人ホーム	エ	短期入所
オ	施設サービス	カ	一般介護予防事業	キ	訪問看護	ク	要支援1・2
ケ	地域リハビリテーション活動支援事業			コ	地域密着型サービス		
サ	通所介護						

4　高齢者の生活の安定を支える公的制度について（　　）に適語を記入しよう。　★

（¹　　　　　　　　　　）は，介護が必要になった高齢者やその（²　　　　　　　）を社会全体で支える制度である。（³　　　　　）歳以上の者が加入し（⁴　　　　　　）を納める義務がある。（⁵　　　　　　　　　）を受け，介護が必要な程度に応じて制度によるサービス利用量が決定され，（⁶　　　　　　　　）が立てられ，サービスが利用できる。

公的年金には（⁷　　　　　　　）と（⁸　　　　　　　）がある。国民年金には（⁹　　　）歳以上（¹⁰　　　）歳未満の者は加入し（⁴）を納める義務があり，原則（¹¹　　　）歳から支給される。また，高齢者（¹²　　　　　）や高齢者（¹³　　　　　　　　）など，高齢者が安心して生活を営むことを支える法律もある。

MEMO

01 生活を支える福祉と社会保障制度

教 p.74〜77

1 社会福祉と人権について（　）に適語を記入しよう。 ★

　人間の(¹　　　　)は，だれにもおかすことができない。社会で生きるひとりの人間として，その尊厳が守られ幸せに生きることを追求することは，(²　　　　)，民族，(³　　　　)のあり方，年齢をこえて，だれにでも備わっている(⁴　　　　)である。この権利が基本的人権であり，この権利を保障するためのしくみは私たちの(⁵　　　　)と深くかかわっている。

2 次の語句とその説明を線で結ぼう。 ★

(1) Well-being　・

(2) ノーマライゼーション　・

(3) ユニバーサルデザイン　・

(4) ソーシャルインクルージョン　・

・ア　障がいの有無，国籍，性別，年齢などにかかわりなくすべての人が使いやすい都市や生活環境を設計しようとするもの。

・イ　すべての人を社会から排除せずに，その社会の一員として認めていくという考え方。

・ウ　障がいのある人もない人もあたり前の生活をすることをめざすという考え方。

・エ　人々が，個人の権利が保障され，精神的，身体的，社会的に良好な状態にあることをいう。

3 人生のなかで起こりうるリスクにはどのようなことがあるか，あげてみよう。 ★★

4 社会保障制度について，主に構成している四つの項目をあげてみよう。 ★

(　　　　　) (　　　　　) (　　　　　) (　　　　　)

5 社会保険の種類について（　）に適語を記入しよう。 ★

社会保険	加入義務
医療保険	日本に住所のあるもの全員
年金保険	日本に住所のあるもの全員
(¹　　　　　)	日本に住所のあるもの全員(40歳以上)
(²　　　　　)	事業者と従業員
(³　　　　　)	事業主

6　社会保障・社会福祉制度について，次の図の①～㉒に適語を記入しよう。　★

■ 社会保障・社会福祉制度

		出生　　6歳　　12歳 15歳 18歳20歳　　40歳　　50歳　　60歳　　70歳 75歳
		就学前　就学期　　子育て・就労期　　引退後
【保険・医療】 健康づくり（①） 疾病治療 療養	（②），（③）手帳等	健診，未熟児医療，予防接種 など｜事業主による健康診断
		特定健診・特定保健指導｜高齢者 医療
		（④）保険（医療費保障）
【社会福祉等】 （⑤） 母子・寡婦福祉		（⑥）｜放課後（⑦）
		（⑧）（全戸訪問・育児支援家庭訪問事業など）｜（⑩）（在宅サービス，施設サービスなど）
		（⑨）児童扶養手当 保護を要する児童への社会的養護など
障害（児）者福祉		・在宅サービス（居宅介護，デイサービス，短期入所，補装具の給付など） ・施設サービス（障害者支援施設など） ・社会参加促進（スポーツ振興など） ・手当の支給（特別障害者手当など）
【所得保障】 （⑪）制度 （⑮）		（⑫）年金
		（⑬）年金
		（⑭）年金
		（⑯），（⑰）等すべてを活用してもなお生活に困窮する者に対し，最低限度の生活を保障
【雇用】 労働力需給調整 （⑱）保険 （⑲）保険 職業能力開発 男女雇用機会均等 仕事と生活の両立支援 労働条件		職業紹介，（⑳）など
		高齢者雇用
		障害者雇用
		働いて事故にあった時，失業した時など
		公共職業訓練，労働者個人の自発的な職業能力開発を支援
		男女雇用機会均等・（㉑）休業・（㉒）休業など
		最低限の労働条件や賃金を保障，労働者の安全衛生対策

社会保障入門編集委員会編「社会保障入門2018」より作成

① (　　　　　)　② (　　　　　)　③ (　　　　　)　④ (　　　　　)

⑤ (　　　　　)　⑥ (　　　　　)　⑦ (　　　　　)　⑧ (　　　　　)

⑨ (　　　　　)　⑩ (　　　　　)　⑪ (　　　　　)　⑫ (　　　　　)

⑬ (　　　　　)　⑭ (　　　　　)　⑮ (　　　　　)　⑯ (　　　　　)

⑰ (　　　　　)　⑱ (　　　　　)　⑲ (　　　　　)　⑳ (　　　　　)

㉑ (　　　　　)　㉒ (　　　　　)

MEMO

|02 共生社会の実現に向けて

教 p.78〜81

1 「4つの助」について，次の問いに答えよう。 ★

（1）「4つの助」に当てはまるものを選択肢から選び，記号で答えよう。

> ア　社会保険など共同してリスクに備える。
> イ　自ら働いて生計を立て，企業などからサービスを買い，生活の維持に努める。
> ウ　公費を財源とする。
> エ　自治会・町内会活動や家族の支えあい。

（2）それぞれの「助」は近年どのような状況になっているか。選択肢から選び，記号で答えよう。

> a　地域の人口減少や人とのつながりの希薄化が進み，これは弱まっている。
> b　支出が増大し，十分な保障ができていないが，役割は増している。
> c　所得などの格差の拡大・固定化が進んでいる。

互助…………（1）内容：(¹　　　)　（2）近年の状況：(⁵　　　)
自助…………（1）内容：(²　　　)　（2）近年の状況：(⁶　　　)
公助…………（1）内容：(³　　　)　（2）近年の状況：(⁷　　　)
共助…………（1）内容：(⁴　　　)　（2）近年の状況：(⁸　　　)

2 共生社会の理念と地域福祉について，次の問いに答えよう。

（1）次の（　　）に適語を記入しよう。 ★

　　ノーマライゼーションの実現に向けて，(¹　　　　　)やさまざまな(²　　　　)，行政が(³

　　)し，だれもが住みよいまちづくりに取り組む地域福祉実践が行われている。住民同士の(⁴

　　)活動や(⁵　　　)支援，(⁶　　　　)づくりなどの取り組みがあり，早期に異変に気づくこ

とで，孤立を防いでいる。

（2）日常的につながりのある地域にはどのような強みがあるか答えよう。 ★★

3 ボランティアのよさを三つあげてみよう。 ★★

4 障害者雇用促進法について，次の問いに答えよう。

（1）次の（　　）に適語を記入しよう。 ★

　　障害者雇用促進法において，民間企業の法定雇用率は(¹　　　)％となっており，従業員を43.5人

以上雇用している企業は障がい者を(²　　　)人以上雇用しなければならない。

（2）障がい者雇用に積極的に取り組んでいる企業の例をあげてみよう。また，その企業では障がい者を何%雇用しているかも調べてみよう。　★★★

企業の例：　　　　　　　　　　　　　　　　　　（　　　）%雇用している

5 教科書p.81 Column を見て，共生社会の実現に向けた取り組みについてまとめよう。　★★

地域や職種例	取り組み
横浜市泉区と大和市にまたがるいちょう団地	1
コミュニティソーシャルワーカー	2

MEMO

章末問題

教 p.64〜83

1. 介護認定の状況について，次の問いに答えよう。

■第一号被保険者（65歳以上）の要介護度別認定者数の推移

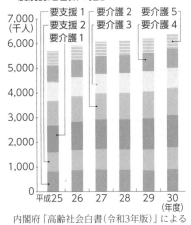

内閣府「高齢社会白書（令和3年版）」による

（1） 左の図から，要支援・要介護認定者の人数についてどのような傾向が見られるか答えよう。

（2） （1）で答えた状況から，どのような対策が必要か考えよう。

2. 高齢者虐待について，次の図を見て（　　）に適語を記入しよう。

■高齢者虐待件数の推移

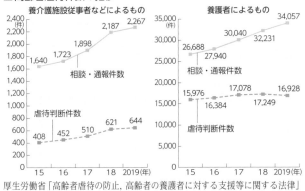

厚生労働省「高齢者虐待の防止，高齢者の養護者に対する支援等に関する法律」に基づく対応状況等に関する調査結果による

　高齢者の虐待件数について，2019年の状況を見ると，養介護施設従事者などによるものは相談・通報件数が（¹　　　　　）件，虐待判断件数が（²　　　　　）件となっている。また，養護者によるものは，相談・通報件数が（³　　　　　）件，虐待判断件数が（⁴　　　　　）件となっている。

　家族らによる虐待者は（⁵　　　　）や（⁶　　　　），（⁷　　　　）が多く，被害者と（⁸　　　　　）で同居しているケースが約（⁹　　　　）を占めている。

3. 高齢者の犯罪・事故について，教科書p.69を見て，次の問いに答えよう。

（1） 高齢者の犯罪・事故はどのような状況になっているか。（　　）に適語を記入しよう。

・（¹　　　　　）が過半数を占めている。

・（²　　　　　）を理由とした（³　　　　　）も後をたたない。

・近年では75歳以上の（⁴　　　　　）の割合が高い。

（2）　高齢者を加害者にしないために，どのようなことが求められるだろうか。

>

4. 「祖母が認知症かもしれない。どうしよう」といった時，どこへ相談に行けばよいだろうか。

>

5. 高齢者の貧困・低所得について（　　）に適語を記入しよう。

　高齢者の貧困・低所得の原因として，現役時代に(¹　　　　　　)や失業などの状況であったために(²　　　　　　　　　)が払えない時期があり受給金額が(³　　　　　　)，貯蓄を一定程度行ったが退職後の期間が(⁴　　　)不足してしまう，頼ることができる(⁵　　　　　　)がいないなどが考えられる。現在，現役世代に(⁶　　　　)雇用の増加や(⁷　　　　　　)が進むなか，(²)未納や(⁸　　　　　)することができない人々の増加が考えられ，高齢者の貧困・低所得問題はますます重要な課題になると考えられる。

6. 今後，地域住民一人ひとりには，どのようなことが求められるか，考えよう。

>

7. 日本の年金制度や医療保険制度について，現在の制度体系を維持することは可能だろうか。自分の考えをまとめよう。

>

MEMO

----

01 食べることを通して

教 p.84〜87

1 教科書p.84の朝食の欠食率のグラフを見て，（　　　）に当てはまるものを〇で囲もう。　★

　　年代別で，朝食の欠食率が高いのは男性の場合(¹　20〜29歳　・　30〜49歳　・　50〜59歳　)であり，他の年代に比べて(²　菓子やくだものなどのみ　・　錠剤　・　何も食べない　)の割合が高いことも特徴である。また，性別で比較すると，各年代とも欠食率が高いのは(³　男性　・　女性　)である。

2 「こ食」とその説明を線で結ぼう。　★

(1)孤食　・　　　　　・ア　ダイエットのために必要以上に食事量を制限する。

(2)固食　・　　　　　・イ　濃い味つけのものばかり食べる。

(3)個食　・　　　　　・ウ　複数で食卓を囲んでいても，食べているものがそれぞれ違う。

(4)小食　・　　　　　・エ　家族や友人と一緒ではなく，ひとりでとる孤独な食事。

(5)濃食　・　　　　　・オ　同じものだけ食べる。

3 よりよい食生活を送るためにはどうしたらよいか，教科書p.85の食生活指針から自分が実践してみようと思うものを三つあげてみよう。　★★

　　・

　　・

　　・

4 教科書p.86の②を見て，栄養バランスについて答えよう。

(1)PFCバランスのP(Protein)，F(Fat)，C(Carbohydrate)とは，それぞれ何のことか。　★

　Protein……(¹　　　　　　　)　Fat……(²　　　　　　　)　Carbohydrate……(³　　　　　　　)

(2)日本の1965年，1985年，2019年のPFCバランスを比較し，それぞれの特徴をまとめよう。　★★★

5 和食文化について，次の問いに答えよう。

(1)日本型食生活について（　　　）に当てはまるものを右ページの選択肢から選び，記入しよう。　★

　　かつての日本の食生活は(¹　　　　　　　)にかたよりがちであったが，1980年ころに(²　　　　)を主食にして，魚，(³　　　　)，(⁴　　　　　　)，(⁵　　　　　　)，野菜など，多様な副食をとるという栄養バランスのよい日本型食生活を築いた。日本型食生活の基本形である(⁶　　　　　　)を基本とした和食は2013年にユネスコ(⁷　　　　　　)遺産に登録された。和食にいかされるうま味「umami」は，世界的に注目されている。

炭水化物　　たんぱく質　　米　　小麦　　大豆　　肉　　牛乳　　乳製品　　一汁一菜
一汁三菜　　無形自然　　無形文化　　有形文化

（2）（1）の文中の下線部について，それぞれ多く含まれる食品を選択肢からすべて選び，記号で答えよう。

① グルタミン酸………（　　　　　　）
② イノシン酸…………（　　　　　　）
③ グアニル酸…………（　　　　　　）

ア　豚肉　　イ　こんぶ　　ウ　干ししいたけ　　エ　チーズ　　オ　かつおぶし　　カ　トマト

（3）うま味の相乗効果について説明しよう。

6 肥満と適正体重について考えよう。

（1）食生活の乱れが引き起こすリスクについて（　　）に適語を記入しよう。

食生活が乱れると，高血圧性疾患や脳血管疾患，一部のがん，(¹　　　　　)などの(²　　　　　)のリスクが高まる。また，A肥満もさまざまな病気の原因となる。一方で日本のB30歳以下の女性はやせが目立つ。日本人は平均寿命と(³　　　　　)にはかなりの差があるが，この差を埋めることを可能とするのが食事である。

（2）（1）の文中の下線部Aについて，（　　）に当てはまるものを○で囲もう。

教科書p.87 Column「肥満者の割合」のグラフによると，肥満の者の割合は，どの年代も（　男性　・女性　）のほうが高い。特に，男性の（　30代以上　・40代以上　・50代以上　）は30％を超えている。

（3）（1）の文中の下線部Bについて，若い女性のやせが引き起こす健康上の問題について答えよう。

MEMO

02 栄養と食品

教 p.88～91

1 基礎代謝量について（　　）に当てはまるものを○で囲もう。 ★

　私たちは，何もしないで横になっている状態でも生命を維持するためにエネルギーを必要とする。この時のエネルギーの必要量を基礎代謝量という。基礎代謝量は，男性の場合（¹　12～14歳　・　15～17歳　・　18～29歳　），女性の場合は（²　12～14歳　・　15～17歳　・　18～29歳　）がピークで，それ以降は年齢と共に減少する。基礎代謝量は，1日に消費するカロリーのうち，（³　約4割　・　約6割　・　約8割　）を占める。

2 五大栄養素について，1～5に当てはまる栄養素の名称と6～8に当てはまる数値を記入しよう。 ★

		1gあたりの発生エネルギー	主な食品
エネルギーになる	（1　　　　）	約（6　　）kcal	穀類・いも類・砂糖類
	（2　　　　）	約（7　　）kcal	肉・食用油脂類
からだの骨や組織・筋肉などをつくる	（3　　　　）	約（8　　）kcal	魚・肉・卵・大豆・乳
	（4　　　　）		野菜・くだもの・海藻・乳
からだの機能を調節する	（5　　　　）		肉・野菜・くだもの・乳

3 次の表の（　　）に当てはまる消化酵素を選択肢から選び，記号で答えよう。 ★

消化器 / 栄養素	口の中	食道	胃	小腸 十二指腸	小腸 空腸・回腸
糖質	（1　　　）			（2　　　）	
たんぱく質			（3　　　）	（4　　　）	
脂質				（5　　　）	

● 消化開始点
○ 吸収開始点
（　）内は消化酵素

注）酵素とは生体内の化学反応を触媒するもので，主成分はたんぱく質である。

中村丁次監修「栄養の基本がわかる図解事典」による

ア ペプシン　　イ アミラーゼ　　ウ リパーゼ　　エ トリプシン　　オ アミロプシン

4 水は私たちのからだの約6割を占める構成成分である。また，からだの恒常性を保つ重要なはたらきをしている。からだと水について考えてみよう。

（1）水のはたらきを三つ答えよう。 ★

　（　　　　　　　　　　）（　　　　　　　　　　）（　　　　　　　　　　）

（2）人体における水分の出入りについて，右の語句の意味を参考に図の（　　）に適語を記入しよう。 ★

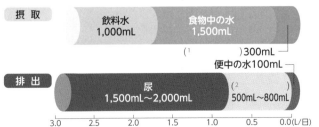

摂取　飲料水 1,000mL　食物中の水 1,500mL　（1　　　　）300mL

便中の水100mL

排出　尿 1,500mL～2,000mL　（2　　　　　）500mL～800mL

3.0　2.5　2.0　1.5　1.0　0.5　0.0(L/日)

〈語句の意味〉
1　炭水化物，脂質，たんぱく質が体内で分解される際に生じる水のこと。
2　気づかないうちに皮膚や呼気から失われる水分のこと。

5 栄養素の各摂取基準について次の表の（　　）に当てはまるものを選択肢から選び，記号で答えよう。　★

(¹　　)	ある対象における平均必要量の推定値。ある母集団に属する50％の人が必要量を満たすとされる1日の摂取量。
(²　　)	ある対象のほとんど(97 〜 98%)の人において1日の必要量を満たすとされる1日の摂取量。
(³　　)	推定平均必要量を算定するのに十分な科学的根拠が得られない場合に，特定の集団の人々がある「一定の栄養状態を維持するのに十分な量。
(⁴　　)	健康被害をもたらすリスクがないとみなされる習慣的な摂取量の上限を与える量。
目標量	生活習慣病の予防を目的として，現在の日本人が当面の目標とすべき摂取量。

ア　耐用上限量　　イ　目安量　　ウ　推奨量　　エ　推定平均必要量

MEMO

----

03 栄養素のはたらきと食品の栄養 —炭水化物・脂質— 教 p.92～95

1 炭水化物について（　）に適語を記入しよう。 ★

　炭水化物には，1gで(^{1}　　　)kcalのエネルギー源として利用できる(^{2}　　　)と，1gで2kcalのエネルギー源として利用できる(^{3}　　　)がある。

　でんぷんは，消化管で単糖の(^{4}　　　)まで消化された後，吸収される。(4)の大部分は，筋肉や臓器などに運ばれるが，過剰分は筋肉や(^{5}　　　)で(^{6}　　　)に合成されて蓄えられる。

2 炭水化物の種類について，次の表の（　）に当てはまるものを選択肢から選び，記号で答えよう。 ★

分類	エネルギー源となるもの(糖質)								食物繊維				
	(^{1}　)			(^{2}　)			(^{3}　)		少糖類		(^{3}　)		
名称	ぶどう糖	(^{4}　)	(^{5}　)	しょ糖 ぶ＋果	麦芽糖 ぶ＋ぶ	(^{7}　) ぶ＋ガ	でんぷん	(^{8}　)	(^{9}　)	セルロース	(^{10}　)	グルコマンナン	アルギン酸
多く含まれる食品	くだもの	くだものはちみつ	—	(^{6}　) (かんしょ，てんさい)	いも類・水あめ	牛乳	穀類・いも類	肉類レバー	野菜くだものはちみつ	野菜	くだものの皮	(^{11}　)	(^{12}　)

＊ ぶ：ぶどう糖，果：果糖，ガ：ガラクトース

ア　二糖類　　イ　多糖類　　ウ　単糖類　　エ　グリコーゲン　　オ　ガラクトース
カ　ペクチン　　キ　海藻　　ク　砂糖　　ケ　果糖　　コ　乳糖　　サ　オリゴ糖
シ　こんにゃく

3 食物繊維のはたらきについて正しいものには○を，誤っているものには×を書こう。 ★

(1)腸内環境をよくする……………………………………………………………（　　　）

(2)野菜・海藻・きのこ類に多く含まれる………………………………………（　　　）

(3)過剰分は肝臓でグリコーゲンとして蓄えられる……………………………（　　　）

4 炭水化物を多く含む食品について，次の問いに答えよう。

(1)次の（　）に適語を記入しよう。 ★

　穀類である米や小麦，とうもろこし，そばなどは主食として食べられることが多い。いずれもでんぷんを約(^{1}　　　)％含むが，(^{2}　　　)が少ないため保存性がよい。A生の米のでんぷんは消化されにくいが，B炊くと水分を含み，消化されやすくなる。

　日本で多く食べられている(^{3}　　　)には，Cもち米とうるち米がある。もち米のでんぷんは(^{4}　　　)だけであるが，うるち米のでんぷんは，(^{5}　　　)と(^{6}　　　)が1：4の比率である。

(2)下線部A，Bが表しているでんぷんをそれぞれ何というか答えよう。 ★

　A(　　　　　　)　　　B(　　　　　　)

（3）下線部Cのうるち米やもち米の加工品を選択肢から選び，記入しよう。　★

　　①　うるち米……（　　　　　　　）・（　　　　　　　）

　　②　も　ち　米……（　　　　　　　）・（　　　　　　　）

上新粉　　　白玉粉　　　清酒　　　おかき

5 脂肪のはたらきについて（　　　）に適語を記入しよう。　★

　　私たちが食事からとる脂質は，中性脂肪や（¹　　　　　　　），（²　　　　　　　　），（³　　　　　　）に分けられる。食品中の脂質の大半は中性脂肪で，（⁴　　　　　　　）1分子と（⁵　　　　　　）3分子でできている。脂質は1gあたり（⁶　　　）kcalのエネルギー源として利用される他，体内の主要な（⁷　　　　　）の構成成分や胆汁酸，ステロイドホルモンの材料としても利用される。

6 脂肪酸とそのはたらきについて，次の問いに答えよう。

（1）次の表の（　　　）に当てはまるものを選択肢から選び，記入しよう。　★

脂肪酸の種類		一例	役割	多く含まれる食品
飽和脂肪酸		（¹　　　　　　　） パルミチン酸	体脂肪として保温など，からだを守る	（⁶　　　　　　　） 乳
不飽和脂肪酸	一価不飽和脂肪酸	（²　　　　　　　）	血液中のコレステロールを下げる	なたね油 （⁷　　　　　　　）
	多価不飽和脂肪酸 （必須脂肪酸）	n-6系 （³　　　　　　） 　　　 アラキドン酸	成長，発育に必要	大豆油 （⁸　　　　　　　）
		n-3系 （⁴　　　　　　） 　　　 EPA(IPA) 　　　 （⁵　　　　　　）	神経系のはたらきに必要	（⁹　　　　　　　） えごま油・しそ油 亜麻仁油

オレイン酸　　　リノレン酸　　　リノール酸　　　ステアリン酸　　　DHA　　　ごま油 オリーブ油　　　肉類　　　魚介類

（2）n-6系脂肪酸とn-3系脂肪酸のはたらきについて説明しよう。　★★

　　①　n-6系脂肪酸のはたらき

　　（　　　　　　　　　　　　　　　　　　　　　　　　　　　　　　　　　　　　）

　　②　n-3系脂肪酸のはたらき

　　（　　　　　　　　　　　　　　　　　　　　　　　　　　　　　　　　　　　　）

MEMO

03 栄養素のはたらきと食品の栄養　—たんぱく質—

教 p.96〜97

1 たんぱく質のはたらきと食品について，次の問いに答えよう。

（1）次の（　）に適語を記入しよう。　★

たんぱく質は，消化管で（¹　　　　　）にまで消化された後,吸収される。たんぱく質を構成する（1）は20種類あるが，そのうち（²　　　）種類は私たちのからだで合成することができない必須アミノ酸である。たんぱく質の栄養価として参考になるのが，（³　　　　　）や正味たんぱく質利用率である。栄養価の低いたんぱく質を含む食品には，不足しているアミノ酸を多く含む食品と組み合わせると，たんぱく質の栄養価を改善できる。これをたんぱく質の（⁴　　　　　）という。

（2）アミノ酸価について（　）に適語を記入しよう。　★

下表によると，食パンの制限アミノ酸は（¹　　　　　）で，アミノ酸価は（²　　　　）である。リシンが多く含まれる牛乳と組み合わせることで，補足される。

	イソロイシン	ロイシン	リシン	含硫アミノ酸	芳香族アミノ酸	トレオニン	トリプトファン	バリン	ヒスチジン	アミノ酸価
アミノ酸評点パターン（15〜17歳）	30	60	47	23	40	24	6.4	40	16	—
食パン	42	81	23	42	96	33	12	48	27	—
食パン充足率	140	135	49	183	240	138	188	120	169	49
牛乳	58	110	91	36	110	51	16	71	31	—

日本食品標準成分表2020年(八訂)による

2 食肉について，次の問いに答えよう。

（1）次の図を見て，食肉の部位を選択肢から選び，記号で答えよう。　★

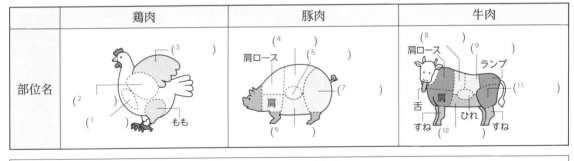

部位名	鶏肉	豚肉	牛肉

ア　むね　　イ　ロース　　ウ　サーロイン　　エ　手羽先　　オ　ばら　　カ　ひれ

キ　もも　　ク　ささみ　　ケ　リブロース

（2）次の文は食肉の特徴を示したものである。鶏肉にはA，豚肉にはB，牛肉にはCを書こう。　★

① 部位による肉質の差が大きい。　　　　　　　　　　　　　　　　　（　　　）

② 淡白でくせがないので，多種の料理に使いやすい。　　　　　　　　（　　　）

③ 寄生虫の心配があるので十分加熱する。　　　　　　　　　　　　　（　　　）

④ 傷みやすいので，鮮度のよいものを購入し早く使い切る。　　　　　（　　　）

⑤ 鉄分を多く含む。　　　　　　　　　　　　　　　　　　　　　　　（　　　）

⑥ ビタミンB₁を多く含む。　　　　　　　　　　　　　　　　　　　　（　　　）

3 卵の調理性と用途の表について，次の表の（　　　）に当てはまるものを選択肢から選び，記号で答えよう。　★

調理性	調理性の説明	用途例
凝固性	加熱により凝固。凝固温度は卵黄が約68℃，卵白が約73℃。	（¹　　　），温泉卵，目玉焼き
希釈性	卵液を水，だし汁，牛乳で希釈し，加熱するとゲル化してなめらかな舌ざわりになる。	カスタードプディング，（²　　　）
結着性	ひき肉料理や，フライの衣をつける時のつなぎの役割を果たす。	（³　　　）
卵黄の乳化性	卵黄に含まれるレシチンが，水と油を結びつける乳化剤として機能する。	（⁴　　　）
卵白の起泡性	卵白を攪はんすると，空気を抱きこんで泡立つ。砂糖を加えると泡立ちが安定する。	メレンゲ，（⁵　　　），フリッター，淡雪かん

ア　マヨネーズ　　イ　ハンバーグのつなぎ　　ウ　ゆで卵　　エ　スポンジケーキ　　オ　茶碗蒸し

4 小麦のたんぱく質について（　　　）に適語を記入しよう。　★

　　小麦にはたんぱく質である（¹　　　　　　）と（²　　　　　　）が含まれている。小麦粉に水を加えてこねると粘弾性の高い（³　　　　　　）になる。この性質を利用して，パンやパスタ類，うどん等の加工品がつくられる。（3）が少ないものはケーキやてんぷらの衣等に利用される。

5 大豆の加工品について，次の図の（　　　）に当てはまるものを選択肢から選び，記号で答えよう。　★

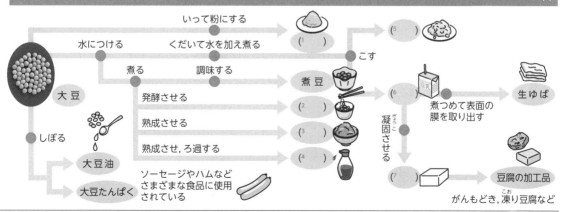

ア　きな粉　　イ　おから　　ウ　しょうゆ　　エ　納豆　　オ　豆腐　　カ　みそ　　キ　豆乳

03 栄養素のはたらきと食品の栄養 —ミネラル・ビタミン・その他— 教 P.98〜101

1 ミネラルについて( )に適語を記入しよう。 ★

ミネラルとは，主要元素(酸素(O)，炭素(C)，水素(H)，窒素(N))以外の元素である。1日の目標摂取量が(^{1}　　　　)mg以上の多量ミネラルと，(1)mg未満の微量ミネラルに分けられる。

適度な摂取量を大きくはずれると欠乏症や過剰症が起こる。

日本人に不足しがちなミネラルは，(^{2}　　　　　　)と(^{3}　　　　)である。

ミネラルの吸収率は全体的に低く，カルシウムの場合，吸収率が高い牛乳・乳製品でも約(^{4}　　　)%である。食品や食品添加物に広く含まれている(^{5}　　　　)はカルシウムの吸収を妨げる。牛乳には，カルシウムと(5)がおよそ(^{6}　　　　　)で含まれており，カルシウムの吸収がよい。

2 主なビタミンの種類とはたらきについて，次の表の( )に当てはまるものを選択肢から選び，記入しよう。 ★

	種類	主なはたらき	欠乏症状	多く含まれる食品
脂溶性ビタミン	(^{1}　　　)	皮膚や(^{2}　　　)を健全に保つ。暗いところでの視力調節をする。	(^{3}　　　)，感染症にかかりやすくなる。	レバー・うなぎ・卵黄・バター・(^{4}　　　)に含まれるカロテン
	(^{5}　　　)	(^{6}　　　)の吸収にかかわり，骨や歯の発育を助ける。	くる病，骨軟化症。	魚類
	ビタミンE	細胞膜などの(^{7}　　　)を抑える。	赤血球の脆弱化，出血。	胚芽・植物油・種実類
	ビタミンK	(^{8}　　　)にかかわる。骨にカルシウムを定着させる。	出血，骨の脆弱化。	納豆・ほうれん草・植物油
水溶性ビタミン	(^{9}　　　)	(^{10}　　　)の代謝にかかわる。神経のはたらきを調節する。	脚気，多発性神経炎，疲れやすくなる。	胚芽・種実類・豆類・(^{11}　　　)
	ビタミンB$_2$	ぶどう糖，アミノ酸，脂肪酸の代謝にかかわる。	口唇炎，(^{12}　　　)，脂漏性皮膚炎。	レバー・(^{13}　　　)・胚芽・大豆
	ナイアシン	ぶどう糖，アミノ酸，脂肪酸の代謝にかかわる。	皮膚炎，下痢，神経障害(ペラグラ)。	魚類・肉類・たんぱく質
	葉酸	(^{14}　　　)の代謝を助ける。核酸の生成にかかわる。	大赤血球性貧血。	緑黄色野菜
	(^{15}　　　)	(^{16}　　　)の生成にかかわる。	出血傾向，(^{17}　　　)。	いも類・野菜類・(^{18}　　　)

ビタミンA	ビタミンB$_1$	ビタミンC	ビタミンD	カルシウム	アミノ酸	ぶどう糖
コラーゲン	酸化	粘膜	血液凝固	壊血病	夜盲症	口角炎	豚肉	チーズ
緑黄色野菜	くだもの					

3 脂溶性ビタミンと水溶性ビタミンについて，関連が深いものを選択肢からすべて選び，記号で答えよう。 ★

（1）脂溶性ビタミン………………………（ 　　　　　 ）

（2）水溶性ビタミン………………………（ 　　　　　 ）

> ア とりすぎても尿中に排せつされる。 イ 三大栄養素の代謝にかかわるものが多い。
>
> ウ 油と一緒に調理すると吸収率が高まる。 エ とりすぎると害をおよぼす恐れがある。

4 食べ物のおいしさを決める味・香りについて（ 　　 ）に適語を記入しよう。 ★

食べ物の味には，基本味（き ほん み）として（¹ 　　　　 ），（² 　　　　 ），（³ 　　　　 ），（⁴ 　　　　 ），（⁵ 　　　　 ）があり，それらは（⁶ 　　　　 ）によって，味の刺激として感知され，おいしさに深くかかわっている。香りもまた，おいしさに深くかかわっている。食べ物に含まれる（⁷ 　　　　 ）の成分が香りに関与するが，特に強く好ましい香りなどを風味づけに利用するものとして（⁸ 　　　　 ）がある。

5 次の文を読み，あとの問いに答えよう。

食品には，栄養素以外にもさまざまな成分が含まれ，その食品らしさやおいしさにかかわっている。近年注目されている食品成分として，ポリフェノールなどの機能性成分がある。

（1）下線部は，体内でどのようなはたらきをしているか説明しよう。 ★★

>

（2）次の食品に多く含まれているポリフェノールの種類を選択肢から選び，記入しよう。 ★

① 茶…………………………（ 　　　　　 ）

② たまねぎ………………（ 　　　　　 ）

③ ブルーベリー…………（ 　　　　　 ）

> アントシアニン カテキン ケルセチン

6 災害時の食の備えとして，ローリングストックという方法がある。どのような食品を家庭に備蓄しておけばよいか，リストをつくってみよう。 ★★★

>

MEMO

04 食品の選択

教 P.102〜105

1 食品の表示について（　）に適語を記入しよう。 ★

　生鮮食品には，名称と(^{1}　　　　　　)の表示が義務づけられている。水産物には，(^{2}　　　　　　)・(^{3}　　　　　　)なども表示される。また，食品安全対策として(^{4}　　　)および牛肉には，生産，加工および流通の過程を追跡する(^{5}　　　　　　　　)が義務づけられている。牛肉の場合は，表示された(^{6}　　　　　　)で検索すれば，牛の出生から消費者に渡るまでの情報を知ることができる。

2 教科書p.103 44 のスナック菓子の表示を見て，次の問いに答えよう（自分で用意した食品の表示を調べる場合は，食品名を記載したり表示を貼りつけたりしよう）。

（1）食品添加物をすべて書き出そう。 ★

名称	スナック菓子
原材料名	コーン（遺伝子組換えでない）（米国産），植物油，粉末醤油，砂糖，粉末卵黄，たん白加水分解物，食塩／調味料（アミノ酸等），香料，甘味料（ステビア，カンゾウ），（一部に小麦・卵・乳成分・大豆を含む）
内容量	40g
賞味期限	欄外下部に記載
保存方法	直射日光・高温多湿を避け，常温で保存してください。
製造者	○○株式会社　○○県○○市○○区△-△-△

本製品には■で塗りつぶしているアレルギー物質が含まれています。　　賞味期限 20.8

小麦	そば	卵	乳成分	落花生
えび	かに	くるみ	豚肉	鶏肉
牛肉	いか	さけ	さば	いくら
あわび	大豆	やまいも	カシューナッツ	ごま
まつたけ	りんご	オレンジ	バナナ	もも
キウイ	ゼラチン	アーモンド		

栄養成分表示（1袋40g当たり）
エネルギー（　）kcal
たんぱく質 3.8g
脂質 11.7g
炭水化物 22.5g
食塩相当量 0.9g

（2）この食品に含まれるアレルギー物質について，表示義務のある食品と表示が推奨される食品に分類しよう。 ★

表示義務のある食品	
表示が推奨される食品	

（3）この食品を1袋食べたときに摂取するカロリーについて，計算式を明記し，小数第一位を四捨五入して数値を求めよう。 ★

（計算式）	（答）　　　　kcal

3 消費期限と賞味期限について，次の問いに答えよう。 ★

（1）次の説明は消費期限と賞味期限のどちらか。
① 品質の劣化が早い食品に表示される，安全性を欠くおそれのない期限（おおむね5日）。　（　　　）期限
② 日持ちする食品に表示される，おいしく食べることのできる期限。　（　　　）期限

（2）消費期限または賞味期限が表示される食品を，選択肢からすべて選んで書こう。
① 消費期限…………（　　　　　　　　）
② 賞味期限…………（　　　　　　　　）

おにぎり　　スナック菓子　　レトルト食品　　幕の内弁当

4 遺伝子組換え食品の期待できる効果と懸念される事柄についてそれぞれ説明しよう。 ★★

期待できる効果：
懸念される事柄：

5 食品添加物について，次の表の（　　　）に当てはまるものを選択肢から選び，記入しよう。　★

使用目的	用途名	主な物質例	用途例
製造加工に必要	凝固剤	(¹　　　　　　　　　（にがり）)，硫酸カルシウム	(¹¹　　　　　　　　　)，油揚げ，凍り
	増粘剤, 安定剤, ゲル化剤	カラギナン，(²　　　　　　　)	ゼリー，ジャム
品質保持, 変質防止	保存料	安息香酸，(³　　　　　　　)	(¹²　　　　　　　　　)，チーズ，魚肉練り製品
	防かび剤	イマザリル(⁴　　　　　　　　　　)	かんきつ類，バナナ
	酸化防止剤	(⁵　　　　　　　　)，ビタミンE，カテキン	そう菜，菓子
外観や風味をよくする	着色料	(⁶　　　　　　　)系色素，タール系色素	(¹³　　　　　　　　　)，菓子
	発色剤	(⁷　　　　　　　)，硝酸カリウム	(¹⁴　　　　　　　　　)，ソーセージなどの食肉製品
	漂白剤	(⁸　　　　　　　)，亜塩素酸ナトリウム	(¹⁵　　　　　　　　　)，乾燥果実
	甘味料	(⁹　　　　　　　)，(¹⁰　　　　　　　)，サッカリン	(¹⁶　　　　　　　　　)，清涼飲料水，菓子

ソルビン酸　　アスパルテーム　　ビタミンC　　コチニール　　亜硝酸ナトリウム
塩化マグネシウム　　ステビア　　ペクチン　　オルトフェニルフェノール　　亜硫酸ナトリウム
ダイエット食品　　豆腐　　清涼飲料水　　しょうゆ　　ハム　　かんぴょう

6 健康食品について（　　　）に当てはまるものを選択肢から選び，記号で答えよう。　★

　健康食品とは，健康によいことをうたった食品全般のことである。

　健康食品には，乳児，妊産婦，病者などの健康の保持・回復などに適するという特別の用途についての表示を(¹　　　　)が許可した(²　　　　　)，国の制度にもとづき機能性などを表示できる(³　　　　　)がある。(3)は，対象成分，安全性と効果に対する基準などにより(⁴　　　　　)，(⁵　　　　　)，(⁶　　　　　)に区別される。

ア　厚生労働省	イ　農林水産省	ウ　消費者庁	エ　機能性表示食品
オ　保健機能食品	カ　特別用途食品	キ　特定保健用食品	ク　栄養機能食品

MEMO

05 食品の取り扱い

1 食中毒と食品の保存方法について（　　）に当てはまるものを選択肢から選び，記号で答えよう。★

食中毒件数の約4割は(1　　　)で発生しており，約2割は(2　　　)で発生している。従来，食品の保存性を高めるために(3　　　)や(4　　　)などさまざまな工夫がされてきたが，現代では冷蔵庫が広く利用されている。生鮮食品は時間がたつにしたがって(5　　　)・(6　　　)するので，購入後は表示を確認して，適切な方法で保存する。食品を冷蔵・冷凍すると，食品の腐敗に影響する微生物の(7　　　)が抑えられるが，食品が(8　　　)されるわけではない。(9　　　)を発生させないよう計画的に消費するようにする。

ア　家庭　　イ　飲食店　　ウ　食品ロス　　エ　腐敗　　オ　増殖　　カ　乾燥　　キ　殺菌
ク　変質　　ケ　塩漬け

2 食中毒の種類と予防法について，次の表の（　　）に当てはまるものを選択肢から選び，記入しよう。★

種類		原因となるもの	予防法
細菌性	感染型	(1　　　)(海水) (2　　　)(鶏卵) (3　　　)(鶏肉) O-157などの病原性大腸菌	・魚は(9　　　)でよく洗う ・汚染が懸念されるものは加熱する。
	毒素型	(4　　　)(化膿した傷) (5　　　)(土壌) ウェルシュ菌(土壌)	・(10　　　)した手で食品を扱わない。 ・つくり置きのカレーは低温で保存し，十分に再加熱する。
ウイルス性		(6　　　)	・生カキは一定の割合でウイルスが付着しているので十分注意する。
自然毒	植物性	じゃがいもの芽〈(7　　　)〉 毒きのこ〈アルカロイド・ペプチドなど〉 かび毒〈アフラトキシン〉	・じゃがいもの芽の部分を除去する。小さく，緑化したいもは食べない。 ・きのこは専門家の判断にゆだねる。
	動物性	ふぐ毒〈(8　　　)〉 貝毒〈サキシトキシン〉	・ふぐの調理は専門家に任せる。
化学物質		殺虫剤，PCB，水銀，カドミウムなど	—
アレルギー様		ヒスタミン産生菌(赤身の魚)	・新鮮なものを購入し，低温で保存する。

ボツリヌス菌　　ソラニン　　サルモネラ菌　　カンピロバクター　　ノロウイルス
テトロドトキシン　　腸炎ビブリオ菌　　黄色ぶどう球菌　　化膿　　真水

3 食中毒予防の三原則について，とるべき具体的行動をあげてみよう。 ★★

（1）菌をつけない	
（2）菌を増やさない	
（3）菌を殺す	

4 食中毒の予防について（　　）に当てはまるものを選択肢から選び，記入しよう。 ★

　日本では，（¹　　　　　）と（²　　　　　　　）による食中毒が多い。（1）は夏場に，（2）は冬場に多く，食中毒は年間を通して発生している。また，近年は，（³　　　　　　　）などの寄生虫による食中毒も多くなっている。生で食べる野菜などはよく洗い，魚介類や肉などは生食できるものでも（⁴　　　　　）または冷凍・解凍してから食べるほうが安全である。

ウイルス　　化学物質　　細菌　　アニサキス　　ソラニン　　洗浄　　加熱

5 食品を購入する際の行動を振り返ってみよう。 ★★

項　　　目	A	B	C
（1）消費期限，賞味期限を確認する。	必ず確認する	時々確認する	あまりしない
（2）食品添加物を確認する。	必ず確認する	時々確認する	あまりしない
（3）カロリーや栄養成分表示を確認する。	必ず確認する	時々確認する	あまりしない
（4）原産地，製造元等を確認する。	必ず確認する	時々確認する	あまりしない
（5）アレルギー表示を確認する。	必ず確認する	時々確認する	あまりしない
（6）容器包装の少ないものを選ぶ。	必ず選ぶ	時々選ぶ	あまりしない
（7）マイバッグを持参している。	必ず持参する	時々持参する	あまりしない

A：（　　　）個　　　B：（　　　）個　　　C：（　　　）個

MEMO

06 食品の安全性 07 豊かな食生活の背景には

教 p.108〜111

1 これまで起きた食に関する事件や問題について，原因，事件にいたった経緯，被害状況，解決方法などを調べ，今後発生を防ぐにはどのような対策が必要か考えをまとめよう。 ★★★

＊調べる手段：国民生活センター，各地域の消費生活センター，インターネット，新聞記事，書籍。

食品の種類	
被害の内容 発生の時期	
被害状況 被害を受けた人数 （規模）	
原因，事件に いたった経緯	
解決方法	

2 次の語句とその説明を線で結ぼう。 ★

（1）BSE問題 ・

（2）中食 ・

（3）原発事故 ・

・ア 2012年に食品衛生法にもとづき，放射性セシウムの基準が一般食品1kgあたり100Bq（ベクレル）に設定された。

・イ 家庭などで食べるために購入する，調理された弁当やそう菜など。

・ウ 牛肉のトレーサビリティがはじまるきっかけとなった。

3 ポストハーベスト農薬の意味を説明しよう。 ★★

4 食料自給率と食品ロスについて，次の問いに答えよう。

（1）次の（　　）に当てはまるものを○で囲もう。　　　　★

　日本では，食料自給率が低く，多くの食料を輸入に依存しているにもかかわらず，年間(¹ 約340万トン　・　約600万トン　・　約940万トン)の食品がまだ食べられるのに捨てられている。これは，世界食糧計画(WFP)による世界全体の食料援助量の(² 約0.7倍　・　約1.2倍　・　約1.5倍)の量に匹敵する。この食品ロスの問題は，単にもったいないだけでなく，ₐその他の問題も抱えている。国・自治体・事業者と家庭(消費者)が連携して食品ロスの軽減に取り組むことを明記した(³ 食品ロス削減推進法　・　食品リサイクル法)が施行され，ʙ食品ロスを減らすために流通の習慣の見直しが検討されている。ᴄ各家庭(消費者)においても食品ロスを減らすためにできることを考え実行することが求められている。

（2）下線部Aについて，どのような問題があるか，具体的に書こう。　　★★

（3）下線部Bについて，どのようなことの見直しが検討されているか，具体的に書こう。　　★★

（4）下線部Cについて，食品ロスを減らすためにできることを考えて書こう。　　★★

5 環境保全と食品について（　　）に適語を記入しよう。　　★

　生産・流通・消費などの過程で発生する未利用食品を，食品企業や農家などからの寄付を受けて，必要としている人や施設などに提供する取り組みのことを(¹　　　　　　　)活動という。

　環境負荷の指標として，食料を輸入している国が自国で生産するとすれば，どの程度の量の水が必要かを推定したものを(²　　　　　　　)といい，輸入食料の重量に輸送距離を乗じた指標を(³　　　　　　　)という。この数値が少ないほうが，輸送のエネルギーや二酸化炭素の排出量が少なく，環境負荷も小さいということである。食料を輸入することは地球環境の負荷につながっていることを意識し，国内生産の拡大や(⁴　　　　　　)に取り組んでいく必要がある。

MEMO

08 食事をつくる

教 P.112〜115

1 外食が多いと栄養バランスにどんな影響があるだろうか。教科書p.112 59 や厚生労働省「国民健康・栄養調査」を見て，結果をまとめよう。 ★★★

2 ライフステージごとの食事の留意点について（　　　）に適語を記入しよう。 ★

　乳幼児期は，(^{1}　　　　　　　　)が未発達で，大切な味覚形成の時期にあるので，(^{2}　　　　　　　)を心がけ，偏食（へんしょく）を防ぐ。間食で栄養を補（おぎな）う。

　児童期・青年期は，成長期で運動量も多いので(^{3}　　　　　　　)や必要な栄養素を十分にとる。

　妊婦・授乳期は，良質なたんぱく質，(^{4}　　　　　)，ビタミン類などを多種類の食品からバランスよくとる。

　壮年期はエネルギーや(^{5}　　　　　)，(^{6}　　　　　)，動物性脂肪のとりすぎに気をつける。

　高齢期は，(^{7}　　　　　)の状態に配慮して調理する。胃腸への負担（ふたん）が少ない食品を選ぶ。体力を保つためにエネルギーと(^{8}　　　　　　)をきちんととる。

3 食品の重量と容量の関係について，次の表の（　　　）に数字を書こう。 ★

食品	小さじ(5mL)	大さじ(15mL)	食品	小さじ(5mL)	大さじ(15mL)
水・酢・酒	5 g	15 g	食塩	(^{2}　　)g	(^{3}　　)g
しょうゆ・みそ・みりん	(^{1}　　)g	18 g	上白糖	(^{4}　　)g	(^{5}　　)g
			油・バター	(^{6}　　)g	(^{7}　　)g

4 調理法の種類と特徴について，次の語句とその説明を線で結ぼう。 ★

(1)煮る　・

　　　　　　　・ア　表面のたんぱく質が凝固（ぎょうこ）し，でんぷんは糊化（こか）し，栄養の損失が少ない。香ばしい風味が加わる。

(2)揚（あ）げる　・

　　　　　　　・イ　マイクロ波が食品の水分を激しく振動させることで発熱し，内部から加熱される。形崩れ，栄養素の損失が少なく，加熱時間が非常に短い。

(3)焼く　・

　　　　　　　・ウ　調味液で味をつける。煮崩（くず）れしやすい。汁物は煮汁にも栄養分やうま味がある。

(4)電子レンジ・

　　　　　　　・エ　高温・短時間で調理する。ビタミンの損失が少ない。食品の水分が減少し，油を吸収する。

5 次の表はある日の朝食と昼食(お弁当)の献立の食品群別摂取量である。朝食と昼食の不足分を補うことができる夕食の献立を考え，表に記入しよう。　★★

(単位：g)

献立		材料	1群		2群		3群			4群		
			乳・乳製品	卵	魚介・肉	豆・豆製品	野菜	いも	くだもの	穀類	油脂	砂糖
朝食	パン	ロールパン								80		
	目玉焼き	卵		50								
	ソーセージ	ソーセージ			40							
		油									5	
	スープ	ミニトマト					20					
		ベーコン			10							
		たまねぎ					20					
		にんじん					10					
		いんげん豆				20						
昼食	ご飯	米								100		
	ハンバーグ	合いびき肉			60							
		たまねぎ					20					
		パン粉								10		
		卵		10								
	ポテトサラダ	じゃがいも						50				
		ハム			10							
		きゅうり					10					
		マヨネーズ									5	
	たけのこの煮物	たけのこ					20					
		ししとう					10					
		ミニトマト					10					
夕食												
	工夫した点											
	A朝食・昼食の合計											
	B摂取量のめやす(男・女)		320	55	200・120	80	350	100	150	480・380	30・20	10
	過不足											

＊Bは身体活動レベルⅡ15 ～ 17歳(男女)の食品群別摂取量のめやす。

MEMO

献立名							実習日： 年 月 日（ ）						
実習のねらい						盛りつけ図							

献立	材　料	分量（g）		第1群		第2群		第3群			第4群		
		1人分	（ ）人分	乳・乳製品	卵	魚介・肉	豆・豆製品	野菜	いも	くだもの	穀類	砂糖	油脂
合　計													
1食分の摂取量のめやす													
過不足													

●調理の手順と調理法

時間 ＼ 献立				
0 （分）				
10 ・				
20 ・				
30 ・				
40 ・				
50 ・				
60 ・				
70 ・				
80 ・				
90 ・				
100 ・				
120 ・				

自己評価		感　想
	1　2　3　4　5	
計画・準備	├─┼─┼─┼─┤	
作業の手順	├─┼─┼─┼─┤	
協　　力	├─┼─┼─┼─┤	
できばえ（味・盛りつけ）	├─┼─┼─┼─┤	
片 づ け	├─┼─┼─┼─┤	

| 献立名 | | | | | 実習日： 年 月 日（ ） | | | | | | | | |
| 実習のねらい | | | | | 盛りつけ図 | | | | | | | | |

献立	材　料	分量(g)		第1群		第2群		第3群			第4群		
		1人分	( )人分	乳・乳製品	卵	魚介・肉	豆・豆製品	野菜	いも	くだもの	穀類	砂糖	油脂
合　計													
1食分の摂取量のめやす													
過不足													

●調理の手順と調理法

時間　　献立				
0　（分）				
10　・				
20　・				
30　・				
40　・				
50　・				
60　・				
70　・				
80　・				
90　・				
100　・				
120　・				

自己評価		感　　想
	1　2　3　4　5	
計画・準備	├─┼─┼─┼─┤	
作業の手順	├─┼─┼─┼─┤	
協　　力	├─┼─┼─┼─┤	
できばえ（味・盛りつけ）	├─┼─┼─┼─┤	
片 づ け	├─┼─┼─┼─┤	

献立名					実習日： 年 月 日（ ）					
実習のねらい					盛りつけ図					

献立	材　料	分量（g）		第1群		第2群		第3群			第4群		
		1人分	（ ）人分	乳·乳製品	卵	魚介·肉	豆·豆製品	野菜	いも	くだもの	穀類	砂糖	油脂
合　計													
1食分の摂取量のめやす													
過不足													

●調理の手順と調理法

時間 ＼ 献立				
0　（分）				
10　・				
20　・				
30　・				
40　・				
50　・				
60　・				
70　・				
80　・				
90　・				
100　・				
120　・				

自己評価	感　　想
準備・片づけ　1　2　3　4　5	
主　体　性	
調理技術	
協　　　力	
で き ば え	

章末問題

教 p.84〜115

1. 献立の立て方について（　　　）に適語を記入しよう。

■献立のパターン例

主食

主菜

副菜・副々菜　　　　**汁物**

献立は，主食，（¹　　　　　　），副菜・副々菜，（²　　　　　　）を組み合わせて1日に必要なエネルギーや栄養素量を満たせるように考える。

主食は，（³　　　　　　），麺類，パンなどの穀類を中心とする。

（1）は，（⁴　　　　　　），肉類，卵，（⁵　　　　　　）を中心とする。副菜・副々副菜は主菜に使わなかった（⁶　　　　　　），（⁷　　　　　　），豆類，海藻などが含まれる。

（2）は，主菜に合うものを選び，具を入れることによって野菜の摂取量を増やすことができる。

2. 朝食の献立を示したA表を見て，次の問いに答えよう。

A表　朝食の献立

	摂取量（g）	エネルギー（kcal）	たんぱく質（g）
ロールパン	100	¹	²
目玉焼き（卵）	50	³	⁴
サラダ油	3	28	0.0
ソーセージ	40	⁵	⁶
ミニトマト	20	6	0.2
牛乳	200	⁷	⁸
合計		⁹	¹⁰

B表　食品成分表

エネルギー（kcal）	たんぱく質（g）
316	10.1
150	12.2
921	0.0
334	11.5
29	1.1
67	3.3
（可食部100gあたり）	

（1）　朝食のエネルギーとたんぱく質量を，B表の食品成分表を用いて計算し，A表に記入しよう。

　＊エネルギーは，小数第一位を四捨五入，たんぱく質は小数第二位を四捨五入する。

（2）　A表に料理または食品を1品加えるとしたら，どんな料理を加えたらよいだろうか。食品名または料理名（食品名を含む）とその理由を説明しよう。

3. 身長170cm，体重60kgの人のBMI（Body Mass Index）を求め（小数第二位を四捨五入），「肥満，標準，やせ」のいずれか評価してみよう。

（式）	（BMI値）	（評価）

4. ミネラルについて(　　)に当てはまるものを選択肢から選び，記入しよう。

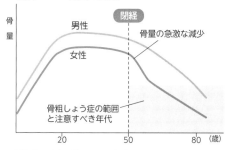

■加齢による骨量の変化

骨量

男性

閉経

骨量の急激な減少

女性

骨粗しょう症の範囲
と注意すべき年代

20　　　　50　　　　80 (歳)

公益財団法人骨粗しょう症財団Webサイトより作成

最大骨量(ピーク・ボーン・マス)に達するのは，男女とも
に(¹　　　)代で，40代ごろから低下していく。(²
　　　)は骨をつくるミネラルとして重要であるが，(³
　　　)も必要である。3は2の吸収を促進する働きが
ある。また，鉄は(⁴　　　　　)や(⁵　　　　　　)，
乳酸などと共に摂取すると吸収率が上がる。(⁶
　　　)は食塩(塩化ナトリウム，NaCl)として摂取される。
食塩のとりすぎは，(⁷　　　　)や胃がんなどとの関連も
指摘されている。

20	30	たんぱく質	脂質	リン	カルシウム　　ナトリウム　　ビタミンA
ビタミンC		ビタミンD	糖尿病	高血圧	

5. 食品表示を見て，次の問いに答えよう。

(1)　食品添加物をすべて書き出そう。

名　称	和菓子
原材料名	小麦粉，植物油脂，卵黄(卵を含む)，砂糖，生クリーム(乳成分を含む)，ごま，油脂加工品(大豆を含む) ／加工でん粉，香料
内容量	100g
賞味期限	欄外下部に記載
保存方法	直射日光・高温多湿を避け，常温で保存してください。
製造者	○○株式会社 ○○県○○市○○区△-△-△

賞味期限 20. 8

栄 養 成 分 表 示
(100g当たり)

エネルギー (　)kcal
たんぱく質　3.8g
脂　　質　11.7g
炭水化物　22.5g
食塩相当量　0.9g

(2)　この食品に含まれるアレルギー物質について，表示義務の
ある食品と表示が推奨される食品に分類しよう。

表示義務のある食品	
表示が推奨される食品	

(3)　この食品を1袋食べた時に摂取するカロリーについて，式
を明記し，小数第一位を四捨五入して数値を求めよう。

(式)	(答)　　　　　　　　kcal

6. 次のマークやラベルは何を示しているか，当てはまるものを右の選択肢から選び，記入しよう。

(1)

(2)

消費者庁許可

特定保健用食品

HACCPマーク
有機JASマーク
MSCエコラベル
特定保健用食品マーク

(　　　　　　　　)　(　　　　　　　　　　)

01 衣生活を見直す 02 衣服の機能と着装

教 p.126〜129

1 あなたのお気に入りの服はどんな服で，どのようなことを考えて選んだものか。絵を描いて説明を加えてみよう。　★★★

2 次の絵は，涼しく過ごしたり暖かく過ごしたりするための工夫を示している。他にも工夫できる点がないか考え，書き出してみよう。　★★

（1）涼しくする

清涼感（せいりょうかん）のある色使い
冷感素材を使う
えり元などの開口部を大きくする

工夫（くふう）したところ

（2）暖かくする

暖色系の色使い
ひざかけなどを利用する
えり元などの開口部を小さくする

工夫したところ

3 主な衣服の機能について，次の問いに答えよう。

（1）衣服の機能について（　　）に適語を記入しよう。　　　　　　　　　　★

（2）機能にあった服の例について，a～gに当てはまるものを選択肢から選んで書こう。　★

　○保健衛生上の機能

　　・（¹　　　　　　　　　　）……体温調節を補う機能。

　　　例　（a　　　　　　　　　），コート，マフラー，タイツ

　　・（²　　　　　　　　　　）……からだからの老廃物など吸収し，皮膚を清潔に保つ機能。

　　　例　（b　　　　　　　　）

　○生活活動上の機能

　　・（³　　　　　　　　　　）……熱や薬品など外部の刺激からからだを保護する機能。

　　　例　（c　　　　　　　　　），消防服，宇宙服

　　・生活活動への適応……からだの（⁴　　　　　）に対応して，（⁵　　　　　）や（⁶　　　　　）を補う機能。

　　　例　（d　　　　　　　　），パジャマ，水着

　○社会生活上の機能

　　・（⁷　　　　　）の表現……（⁸　　　　　　）な役割や他者との（⁹　　　　　　　）を感じさせる機能。

　　　例　（e　　　　　　　　），ユニフォーム

　　・社会（¹⁰　　　　　）上の表現……（¹¹　　　　　　）や悲しみを表現する機能。

　　　例　（f　　　　　　　　）

　　・（¹²　　　　　）の表現……自分自身の（¹³　　　　　）や（¹⁴　　　　　　）を表し，（¹⁵　　　　　　　　）を
　　　　　　　　　　　　　　　表現する機能。

　　　例　（g　　　　　　　　），特別な時に着る服，普段着，メッセージ入りシャツ　など。

冠婚葬祭の服　　　　白衣　　　　制服　　　　肌着　　　　お気に入りの服　　　　スポーツウエア　　　　帽子

4 衣服の着方の工夫について（　　）に適語を記入しよう。　　　　　　★

　1年間を通した衣生活を考えると，暑い時もあれば寒い時もあるので，（¹　　　　　　　　）する必要がある。

　しかし，季候に合わせた着方の工夫だけでは（²　　　　　　）にふさわしくないときもある。自分だけでなく，（³　　　　　）にとっても心地よく，豊かな自己表現ができ，（⁴　　　　　）にも負荷の少ない着方の工夫が大切である。

5 次の語句の意味を説明しよう。　　　　　　★

（1）TPO	
（2）衣服気候	

MEMO

03 衣服の材料と成り立ち

教 p.130〜133

1 世界で生産されている繊維で，生産量が1番と2番のものは何か，あげてみよう。 ★

1番		65.9 ％	2番		26.8 ％

2 私たちの着ているさまざまな服はどんな繊維でできているか，調べよう。 ★★

3 混紡・交織することでどのような製品をつくることができるか，調べよう。 ★★

（1）（繊維名[1]　　　　　　）と（繊維名[2]　　　　　　）

　　⇒（製品[3]　　　　　　　　　　　　）

（2）（繊維名[4]　　　　　　）と（繊維名[5]　　　　　　）

　　⇒（製品[6]　　　　　　　　　　　　）

4 布と糸について（　　）に適語を記入しよう。 ★

布 ┬ （[1]　　　　　）……たて糸とよこ糸を一定の規則で直角に交差させてつくる。
　 ├ （[2]　　　　　）……糸をループ状にからみ合わせてつくる。
　 └ フェルト・不織布……繊維を平板状に積み重ねてつくる。

糸 ── （[3]　　　　　）を集めて撚りをかけてつくる。

5 「オーガニックコットン」とはどのような繊維のことで，どんな利点があるか，まとめよう。 ★★

意　味	
利　点	

6 繊維製品の加工例をあげてみよう。 ★★

7 主な繊維の種類とその特徴について，教科書p.131⑦を参考にしてまとめよう。　★

分類		繊維名	原料	性 質	用 途
天然繊維	⑴（　　）繊維	(5　　　　)	綿花	(15　　　　　　)がよい。吸湿性・(16　　　　　)が大きい。洗濯にたえる。(17　　　　)になりやすい。	肌着，ワイシャツ，寝具類，靴下，タオル
		(6　　　　)	亜麻などの茎	かための手ざわりで(18　　　　)がある。吸湿性・吸水性が大きい。洗濯にたえる。弾性が低くしわになりやすい。	(30　　　　　)，ハンカチ，テーブルクロス
	⑵（　　）繊維	(7　　　　)	羊などの獣毛	(19　　　　　)が大きい。吸湿性に富むが水をはじく性質がある。ぬれてもまれると，フェルト化し縮みやすい。(20　　　　)を受けやすい。	コート，スーツ，(31　　　　　)，毛布，カーペット
		(8　　　　)	繭繊維	しなやかな感触で(21　　　　)に富む。吸湿性が大きい。紫外線で黄変しやすい。虫害を受けやすい。	服地，和服地，スカーフ，ネクタイ
化学繊維	⑶（　）繊維	(9　　　　)	木材パルプ	吸湿性・(22　　　　)が大きい。ぬれると極端に弱くなり縮みやすい。(23　　　　)に弱い。しわになりやすい。	(32　　　　　)，服地
	半合成繊維	(10　　　　)	木材パルプと酢酸	絹のような(24　　　　)がある。引っ張り・摩擦に弱い。ぬれるとさらに弱くなる。	服地，スカーフ
	⑷（　）繊維	(11　　　　)	石油	(25　　　　)てしわになりにくい。型崩れしにくく，プリーツ性に優れている。吸湿性が小さく，(26　　　　　)をおびやすい。	服地，ブラウス，スラックス，スポーツウエア
		(12　　　　)		軽くて(27　　　　)に富む。毛に似た風合いを持つ。毛玉ができやすい。静電気をおびやすい。	セーター，毛布
		(13　　　　)		引っ張りや摩擦に強い。紫外線で黄変しやすい。(28　　　　)に弱い。	(33　　　　　)，水着，スポーツウエア
		(14　　　　)		(29　　　　)に富む。塩素系漂白剤で黄変する。	女性用下着，靴下，水着などの伸縮部分

MEMO

---

04 衣服の管理 / 05 安心して衣服を着るために

教 p.134〜141

1 洗剤の使用量について，次の問いに答えよう。

（1）洗剤の使用量が多いほど汚れは落ちるか考えてみよう。　★★

（2）次の（　　）に適語を記入しよう。　★

洗濯の際に排出される（¹　　　　）は各家庭から毎日出るため，（²　　　　）への影響が大きい。洗剤の（³　　　　），洗濯（⁴　　　　）などを適切に調整することで，環境への負荷を（⁵　　　　）ことができる。

2 油性の汚れが落ちる過程について（　　）に適語を記入しよう。　★

界面活性剤の構造
水になじみやすい部分（¹　　　）
油になじみやすい部分（²　　　）

布　　　汚れ

吸着作用
界面活性剤の親油基が汚れの表面に吸着する。

（³　　　　）作用
界面活性剤が汚れと洗濯物の間に入る。

（⁴　　　　）作用
汚れは少しずつ水中に取り出される。

（⁵　　　　）作用
汚れが再び洗濯物に付着するのを防ぐ。

3 クリーニングについて，次の問いに答えよう。

（1）次の（　　）に適語を記入しよう。　★

商業クリーニングには，（¹　　　　　）と（²　　　　　）がある。ランドリーは水溶性と油性の汚れに対して（³　　　　）があるが，繊維の組成によっては（⁴　　　　）や（⁵　　　　）を起こすことがある。ドライクリーニングは（⁶　　　　）の汚れに対し効果があるので油性のしみや汚れに，さらに（⁷　　　　）で収縮・色落ち・型崩れしたり光沢や触感の変化しやすい衣類に適している。

（2）クリーニングに関するトラブルを避けるための注意点をあげてみよう。　★★

4 衣服の保管について，次の問いに答えよう。

（1）衣服を保管する際は，かびの発生予防や，虫に食われないために，除湿剤や防虫剤を活用する必要があるが，防虫剤を使用する時の注意点をあげてみよう。　★★

（2）防虫剤にはどのような種類があるか，調べよう。　★★

5　衣服の購入時の注意点をあげてみよう。　★★

6　繊維製品による事故内容の例をあげてみよう。　★★

7　取扱い表示について，次の意味を表す記号を描こう。　★

意　味	記号	意　味	記号
（1）液温は30℃を限度とし，洗濯機で弱い洗濯ができる。		（6）平干しがよい。	
（2）家庭での洗濯はできない。		（7）日かげのつり干しがよい。	
（3）酸素系漂白剤は使用できるが，塩素系漂白剤は使用禁止。		（8）底面温度150℃を限度としてアイロン仕上げができる。	
（4）漂白はできない。		（9）ドライクリーニングはできない。	
（5）タンブル乾燥はできない。		（10）ウエットクリーニングはできない。	

MEMO

06 いろいろな人が着る衣服 07 これからの衣服 教 p.142～145

1 ライフステージごとの衣服の特徴について，関連が深い言葉を線で結ぼう。　★

(1)乳幼児期　・

(2)児童期　・

(3)青年期　・

(4)壮年期　・

(5)高齢期　・

・ア　自分で衣服を選択したり，購入したりすることで，自分らしい服装や考え方が確立する。

・イ　安全で動きやすいデザインで，洗濯しやすくじょうぶな素材の衣服がよい。

・ウ　社会的な役割を担うようになり，TPOに合った服装を考えながら自分らしい衣生活を営むようになる。

・エ　体型の変化や，身体機能の低下に対する衣服が求められる。

・オ　寝たままの着脱が容易でからだを締めつけない服や，動きやすい服がよい。

2 衣料の廃棄は年間で100万トン近くにも及んでいる。衣服の廃棄が多いことで，どのような問題が起きるだろうか。　★★★

3 衣服の廃棄を減らすために，どのようなことができるだろうか。　★★★

4 衣服を長持ちさせるために，身につけるとよい裁縫技術には何があるだろうか。　★★

5 持続可能な衣生活について，次の問いに答えよう。

（1）2018年の日本の衣料品の輸入浸透率はどのくらいだろうか。　　　　　　　　★

（　　　　　　　）%

（2）次の（　　）に適語を記入しよう。　　　　　　　　　　　　　　　　　　★

　　エシカルファッションとは，（¹　　　　　　　）への負荷を考慮する，生産者からの（²　　　　　　　）をしないといった（³　　　　　　　）的なファッションのことである。フェアトレードといったしくみと共に，最近広がりを見せている。

MEMO

章末問題

教 p.126〜145

1. **高齢期の身体機能と求められる衣服について，次の問いに答えよう。**

（1） 下の表の例を参考に，高齢期の身体機能や病気・事故などで起きやすい状態にはどのようなものが
あるか考えよう。

（2） （1）で答えた身体機能などに合わせて求められる衣服の特徴を考えよう。

（1） 身体機能など	（2） 求められる衣服の特徴
例　視力の低下	落ちにくいメガネ
例　聴力の低下	おしゃれな補聴器

2. **Tシャツを片手で脱ぎ着する時について，教科書p.142 〜 143の30・31を参考に次の問いに答えよう。**

（1） 困った点は何だろうか。

（2） 脱ぎ着しやすいTシャツにするためには，どんな工夫が必要だろうか。デザインしてみよう。

3. **「香害」とはどのようなことか，説明してみよう。**

4. 日本の綿花について，教科書p.146を見て，次の問いに答えよう。

（1） 次の（　　）に適語を記入しよう。

　現在における日本の綿花（（¹　　　　　）)の自給率はほぼゼロである。（²　　　　）時代までは西日本を中心に（1）が栽培されていたが，（³　　　　　）以降は安い綿花が大量に輸入され栽培量が激減した。

　もう一度国内で綿花を栽培し，（⁴　　　　　）までつくる試みがいくつかの団体で取り組まれている。このような取り組みは産業技術の育成や（⁵　　　　　）供給のためだけでなく，（⁶　　　　　）である（1）の種（（⁷　　　　　）)を未来へ残すことにもつながる。さまざまな社会問題，環境問題を引き起こしている海外産の安価な綿を使わないことでそれらの問題を小さくし，人や地球環境を守ることにもつながる。

（2） 文中の下線部について，社会問題や環境問題には具体的にどのようなものがあるだろうか。

① 社会問題：

② 環境問題：

5. 持続可能な衣生活をめざして行動している企業の取り組み例にはどのようなものがあるだろうか。

6. 持続可能な衣生活の実現に向け，あなたは今後，どのような衣生活を営んでいきたいか，次の項目に沿って考えてみよう。

① 購　　入：

② 材　　料：

③ 管　　理：

④ 保　　管：

⑤ 手放し方：

01 住まいの選択 / 02 ライフスタイルと住まい

教 p.148〜151

1 住まいについて，次の問いに答えよう。

（1）次の（　）に適語を記入しよう。　★

住まいとは，厳しい自然や危険からの（¹　　　　　）（避難所）であり，安らぎや（²

　　）の場でもある。また，（³　　　　　）が育つ場であり，勉強や（⁴　　　　）をする場でもある。

さらに家族や友人たちとの（⁵　　　　　）の場でもあるなど，私たちが生活するための拠点である。どん

な住まいにどのように住むかの選択には，<u>個人や家族の価値観が表れる</u>。

（2）文中の下線部について，もし，ひとり暮らしを始めるとしたら，どんな家で暮らしたいか。教科書p.149

の住まい選びのチェックポイントを参考に，優先順位が高いものから記入しよう。　★

2 賃貸に関する語句の説明として当てはまるものを選択肢から選び，記号で答えよう。　★

（1）家賃　　　　　　　　　（　　）　　（2）敷金（しききん）　　　　　　　　　　（　　）

（3）仲介手数料　　　　　　（　　）　　（4）礼金（れいきん）　　　　　　　　　　（　　）

（5）更新料　　　　　　　　（　　）　　（6）ゼロゼロ物件　　　　　　　　　（　　）

ア　借り主から貸し主に賃貸（ちんたい）契約の際にお礼の意味として渡されるお金。

イ　賃貸契約の更新時に借り主から貸し主に支払うお金。

ウ　貸し主に預け金として支払うお金。一般には退去時に返金される。

エ　不動産の賃貸借契約をする際に，敷金と礼金の支払いを必要としない賃貸物件。

オ　アパートやマンションなど住居系物件に対する賃料（通常１か月分）。

カ　物件の紹介や契約事務などを行う不動産会社に支払うお金。

3 住宅用語とその説明を線で結ぼう。　★

（1）間取り（まどり）　　　　　・　　　・ア　和室など床に直接座る起居（ききょ）様式。部屋を多目的に利用できる。

（2）動線　　　　　　　　・　　　・イ　健康で文化的な住生活の基礎として必要な住宅の面積の水準。

（3）平面図　　　　　　　・　　　・ウ　部屋と部屋の関係や配置。

（4）床座（ゆかざ）　　　　　　・　　　・エ　豊かな住生活の実現の前提として必要な住宅の面積の水準。

（5）椅子座（いすざ）　　　　　・　　　・オ　人が移動する際の経路のこと。動線が交わらず，短い方が便利。

（6）最低居住面積水準・　　　・カ　家屋などを水平方向に切断して真上から見た設計図。

（7）誘導居住面積水準・　　　・キ　椅子などの家具を使う起居様式。部屋の用途が限られる。

4 次の平面表示記号の意味を答えよう。　★

	(1　　　　　　　　)		(2　　　　　　　　)		(3　　　　　　　　)
	(4　　　　　　　　)		(5　　　　　　　　)		(6　　　　　　　　)
	(7　　　　　　　　)		(8　　　　　　　　)		(9　　　　　　　　)

5 集合住宅と戸建て住宅の特徴(例)について(　　)に適語を記入しよう。　★

	長所や短所などの特徴(例)
集合住宅	・(1　　　　　　)一つで, 気軽に外出できる。　・高層階では景色を楽しめる。 ・上下左右の部屋の(2　　　　　)が気になりやすい。
戸建て住宅	・(3　　　　　　)などを飼育しやすい。　・(4　　　　　　)が確保しやすい。 ・(5　　　　　)に草木を植えたり, 畑や砂場づくりなどができる。 ・周囲に対して生活騒音の心配が少ない。　・空き巣など, 防犯面での対策がより必要になる。

6 賃貸住宅と持ち家の特徴(例)について(　　)に適語を記入しよう。　★

	長所や短所などの特徴(例)
賃貸住宅	・ライフステージに応じて(1　　　　　　)が可能。 ・好みの間取りの物件が見つかりにくい。 ・近隣や地域の住民と合わない場合, 転居しやすい。　・増改築はほぼできない。 ・原則, 原状(2　　　　　)義務があり, リフォームなどで住まいに手を入れにくい。 ・(3　　　　　)や管理費を払い続けなくてはならない。
持ち家	・土地・建物が(4　　　　　)となるが, その価値は変動する。 ・転居は容易ではない。　　　　　・増改築・リフォームが自由にできる。 ・土地や建物に(5　　　　　)がかかる。　・維持管理のための費用はすべて自己負担。 ・高額なことが多く, (6　　　　　)[ローン]を背負うことが多い。

7 家を借りるという契約について(　　)に適語を記入しよう。　★

　一度契約をしたら借り主と貸し主が互いに契約を守る必要がある。たとえば, 借り主が家賃を滞納してしまうと契約を(1　　　　　　)されることもある。しかし, 貸し主が一方的に契約を打ち切って部屋から追い出したりすることは(2　　　　　　)法により違法である。

　また, 契約が一方的に借り主に不利な内容であったり, 事実と異なっていたりした場合には, (3　　　　　　)法などによる保護を受けることができる場合もある。

　万が一トラブルが起こった場合には, 早めに各都道府県の弁護士会や無料で相談できる(4　　　　　　　)や(5　　　　　　)センターなど, 信頼できる専門家や公的機関に相談することが大切である。

MEMO

----

03 さまざまな家族・さまざまな住まい 04 住まいの安全・安心

教 p.152〜155

1 多様な「家族のかたち」と住まい，さまざまな住まい方・共同の暮らしについて，次の問いに答えよう。

（1）次の（　　　）に適語を記入しよう。　　　　　　　　　　　　　　　　　　　　★

　人の一生において，必要な住まいの広さや（¹　　　　　　）は常に同じではない。家族の年齢や（²

　　　　　）の変化によって，求められる住まいは変わってくる。たとえば，子どもが小さい時には（³

　　　　　）が行き届くことが大切であるが，子どもが成長するにしたがい，適度に（⁴　　　　　）・分離で

きる空間が必要になる。A二世帯住宅でもそれぞれの家族に適した作り方が大切である。

　近年，人と人とのかかわりが失われることによる弊害が指摘されている。例えば，（⁵　　　　　）育児・

介護，高齢者の孤立，地域の防災・防犯力の低下などである。

　その一方で，1軒の住居を複数人で共同利用する（⁶　　　　　　　　　）や，独立した住居と共に共有

スペースを兼ね備えた集合住宅である（⁷　　　　　　　　　）などによる住まい方が広がっている。

これには，家賃を安くできるなどの経済的なメリットもあるが，人との豊かなつながりを大切にしたい

という価値観が広がっているという面もある。必ずしも住まいそのものを変える必要はないが，地域の

住民同士がB適度なコミュニケーションをとりやすい住まいやまちをつくっていくことは大切である。

（2）文中の下線部Aについて，親世帯と同居・近居，二世帯住宅にについて，教科書p.152のQ&Aと13

　を参考に自分の考えを示し，その理由を書こう。　　　　　　　　　　　　　　　★★

　①　親世帯・同居，近居をしたいか？……（　はい　・　いいえ　）

　②　二世帯住宅ならばどのタイプか？……（　完全分離型　・　一部共用型　・　完全同居型　）

```
理由：



```

（3）文中の下線部Bについて，コミュニケーションをとりやすい空間にはどのようなものがあるか考えよう。　　　　　　　　　　　　　　　　　　　　　　　　　　　　　　　　　★★

```


```

2 次の法律の説明として当てはまるものを選択肢から選び，記号で答えよう。　　★

（1）住生活基本法　　　　　　　　　（　　　）　　（2）建築基準法　　　　　　　　　　　（　　　）

（3）都市計画法　　　　　　　　　　（　　　）　　（4）住宅瑕疵担保履行法　　　　　　　（　　　）

（5）バリアフリー新法　　　　　　　（　　　）　　（6）住宅セーフティネット法　　　　　（　　　）

（7）住宅品質確保促進法　　　　　　（　　　）

```
ア　建築物の広さ・高さの制限，日照権の確保，防火性能，耐震強度など，住む人の環境や安全を守
　るための性能などを規定している法律。
イ　住宅事業者は保険加入や保証金により，住宅事業者が倒産した場合でも，欠陥を直すための費用
　を確保することを義務づけた法律。
```

ウ　建築物(商業施設等)や交通施設(駅等)についてのバリアフリー対策を一元化する法律。

エ　安全・安心な住宅を十分に供給するための住宅政策の指針となる法律。

オ　住宅性能表示制度や新築住宅の10年保証などを定めた法律。

カ　用途地域を定め，建築物の用途や密度を制限したり，鉄道や道路などの社会基盤の配置や設置計画を規定している法律。

キ　既存の賃貸住宅や空き家等の有効活用を通じて，「住宅確保要配慮者(高齢者，子育て世帯，低所得者，障がい者，被災者など)」が入居しやすい賃貸住宅の供給促進をはかる法律。

3　次の語句とその説明を線で結ぼう。 ★

(1) かび　　　　　　　　・

(2) シックハウス症候群　・

(3) 化学物質過敏症　　　・

(4) バリアフリー　　　　・

(5) ユニバーサルデザイン・

・ア　さまざまな化学物質に体が反応し，頭痛・吐き気・喘息などの症状が出て日常生活に支障をきたす。

・イ　物理的，制度的，文化・情報面，意識上などの障壁をなくすこと。

・ウ　真菌の繁殖した姿であり，喘息やアレルギー疾患の要因となったり，木材の腐食をもたらす。

・エ　障がいの有無や年齢，性別，人種などにかかわらず，あらゆる人が利用しやすいようなデザイン。

・オ　住宅の高気密化などで建材等から発生する化学物質などによる室内空気汚染等がひどくなり，それによって生じた健康影響。

4　自宅の室内空気汚染について教科書p.154⑮を参考に汚染源をあげてみよう。 ★★

MEMO

05 住環境の安全・安心 / 06 環境共生の今・昔 / 07 住まいづくり・まちづくりへの参加 教 p.156〜161

1 住環境の安全・安心について、次の問いに答えよう。

(1) 次の( )に適語を記入しよう。　★

安全な住まい・住環境の確保には、多様な側面からの取り組みが必要となる。

また近年では、高齢者のひとり暮らしに対する安全の確保などの点も重視されるようになった。(¹　　　　　　)化などにより住まいの安全性を高めると共に、高齢者がひとりでも外出しやすい住環境づくりが求められている。

地域の将来計画を考える際には、危険な場所に住む人が少なくなるよう工夫(くふう)することも必要である。過去の災害の記録から推定して自治体や国によって作成される(²　　　　　　　)を調べる、交通事故やヒヤリ・ハット案件を知るなどして、自らの環境や周りにいる人の状況に合わせ、想像力を持って備(そな)えることが重要である。

安全・安心な住まい・住環境の確保のためには、まちを安全につくっておくことや、(³　　　　　　)や防犯対策などの住む人の努力が欠かせない。各建物の安全確保のために、(⁴　　　)診断のうえ、必要に応じた(4)補強をするなどの建物の所有者の意識が近隣(きんりん)住民の安全にも影響する。また、(⁵　　　　　　)や事前(⁶　　　　　　)の検討などは、住民同士の連携の機会であると同時に、災害後の対応策や事前の備えを考える貴重な機会でもある。

(2) 文中の下線部について、どのような側面から考えなくてはならないか、教科書p.156側注①を参考に考えよう。　★★★

```


```

2 環境共生の今・昔について、次の問いに答えよう。

(1) 次の( )に適語を記入しよう。　★

日本の伝統的な住まいでは、夏の日差しや雨をよける(¹　　　　)や庇(ひさし)をつくることで(²　　　　)の直射日光が生活空間に入ることを避けたり、(³　　　　　)を植えることで、涼しい空気の通り道を確保した。他にも(⁴　　　　)による気化熱を利用するなどして涼しく過ごしていた。町家では見た目だけでなく涼しい風をつくりだす(⁵　　　　　)、開放的空間を生み出す大径木(だいけいき)を利用してかけられる梁(はり)、家を放射熱で暖め、煮炊きもできる(⁶　　　　　)、空気の循環を生む櫓(やぐら)など数多くある。(⁷　　　　　)は日光を和らげて室内を明るくし、襖(ふすま)は季節に応じて取り替えることで室内空気の流れを変えることができる。伝統的な集落が山から吹き下ろす風の影響を小さくするために、(⁸　　　　　)を風上(かざかみ)に配した住まいを散り散りに構えることも、A自然環境との共生の形の一つである。

冷暖房は今の生活に欠かせないが、これらを利用する機会を減らし、二酸化炭素の排出量を削減することは、(⁹　　　　　)現象の抑制(よくせい)にもつながる。(¹⁰　　　　)性の高い住宅、(¹¹　　　　　)化を抑制する壁面(へきめん)・屋上緑化など、さまざまな工夫が考えられる。

B住まいは、その周辺環境への配慮も大事である。庭や生け垣(がき)があることで、地面の温度上昇を和らげることができる。さらに、自家用車を使わずに(¹²　　　　)交通機関を使う人が増えると、環境への負荷(ふ)が軽減すると同時に、車の運転をしない人々にとっても暮らしやすい多様性に富む(¹³　　　　　)な社会づくりにつながる。

（2）文中の下線部Aについて，気候風土に合わせた住宅をあげてみよう。　★★★

（3）文中の下線部Bについて，環境に配慮した住まいやまちの例をあげてみよう。　★★★

3 次の語句の説明として当てはまるものを選択肢から選び，記号で答えよう。　★

（1）町内会・自治会　　　　　　（　　　）　（2）軒^{のき}　　　　　　　　　　（　　　）
（3）坪庭^{つぼにわ}　　　　　　　　　（　　　）　（4）合掌^{がっしょう}づくり　　　　（　　　）
（5）民生委員　　　　　　　　（　　　）

> ア　厚生労働大臣から委嘱され，地域住民の立場から生活や福祉全般に関する相談・援助活動を行う。特別職の非常勤地方公務員だがボランティアとして活動し給与はない。
> イ　豪雪地帯に見られる茅葺^{かやぶき}，切妻屋根の家で，急勾配の屋根は雪を自然に落下させ，雪の重さで家がつぶれるのを防いでいる。釘などの金属を使わず，木と縄でつくられている。
> ウ　地域の課題を住民の目線で解決する，地域の担^{にな}い手をはぐくむ日本独自の制度で，まちの安全を維持している。
> エ　周囲を建物に囲まれた中庭で採光・通風用の空間となっている。
> オ　建物の外壁面より外に突出している屋根の部分のこと。夏の日差しをさえぎる。

4 自分で家を設計するとしたら，何を一番大切にしたいか考えよう。　★★★

MEMO

章末問題

教 p.148〜161

1. 次の物件広告について，あとの問いに答えよう。

〈賃貸条件〉（渋谷駅　徒歩10分）

家　　　　賃	150,000円
管　理　費	3,000円
礼　　　　金	1か月分
敷　　　　金	1か月分
仲介手数料	82,500円
火災保険料	15,000円
更　新　料	1か月分／2年
鍵の付替料	15,000円
階　　　　数	2／2階
築　　　　年	2017年6月

設備
2階以上，複数駅利用可，複数路線利用可，角部屋，南向き，日当り良好，ロック，TVホン，SK，IHコンロ，バス・トイレ別，ウォシュレット，独立洗面台，オートバス，浴室，フロー，エアコン，CL，バルコニー，ごみ置場(敷地内)，インターN

（1）　平面図中の①〜③の平面表示記号は，何を表す記号か答えよう。

①(　　　　　　　　　　　)　②(　　　　　　　　　　　　　)　③(　　　　　　　　　　　　　　)

（2）　次のア〜ウの説明に当てはまる語句を賃貸条件から選ぼう。

ア　退去時の修繕や家賃滞納に備えて貸し主が預かる保証金。　　　　　(　　　　　　　　)

イ　貸し主に謝礼として支払うお金。　　　　　　　　　　　　　　　　(　　　　　　　　)

ウ　物件を決める際に，不動産会社に支払うお金。　　　　　　　　　　(　　　　　　　　)

（3）　この物件の間取りを答えよう。　　　　　　　　　　　　　　　　　(　　　　　　　　)

（4）　毎月支払うお金は，全部でいくらになるか答えよう。　　　　　　　(　　　　　　　　)円

（5）　入居の際，最初に支払うお金の合計はいくらになるか答えよう。　　(　　　　　　　　)円

（6）　引っ越しの際，市役所で転出手続きをする住民の居住関係を公証するものは何か。

(　　　　　　　　　　　　)

（7）　契約時に必要なもので，ある年度の収入や所得税などを示す書類を何というか。

(　　　　　　　　　　　　)

（8）　この物件は築何年か。　　　　　　　　　　　　　　　　　　　　　(　　　　　　　　)年

（9）　この物件のSK，フロー，CLとはどういう意味か。

SK：(　　　　　　　　　　)　フロー：(　　　　　　　　　)　CL：(　　　　　　　　　　)

2. 住生活について，次の問いに答えよう。

（1）　独立した居住スペースの他に，居間や台所などを共同で使用できるスペースを備えた住宅を何というか。

(　　　　　　　　　　　　)

（2）　部屋の用途が定まるため目的が固定された部屋に向いている，家具を使った立つ・座るなどの動作が楽な起居様式を何座というか。

(　　　　　　　　　　　　)

（3）　家具をあまり置かず，多目的，多人数で使える起居様式を何座というか。　(　　　　　　　　)

（4）　紫外線が持つ，人工照明にはない作用を2つ答えよう。

（　　　　　　　　　）（　　　　　　　　　）

（5）　住宅の接着剤や塗料などに使用され，常温・常圧の状態で固体や液体から気体に変化しやすい有機
　　　化合物の総称をアルファベット三文字で何というか。　　　　　　　　　　　（　　　　　　　　　）

（6）　急激な温度差により血圧が大きく上下し，失神・心筋梗塞・脳梗塞などを引き起こし，身体へ悪影
　　　響を及ぼすことを何というか。　　　　　　　　　　　　　　　　　　　　　（　　　　　　　　　）

（7）　冬季に水蒸気を含んだ空気が冷たいガラスなどにふれて水滴となる現象を何というか。また，その
　　　現象によって起こる住宅の変化を答えよう。

現象：（　　　　　　　　　）　変化：（　　　　　　　　　　　　　　　）

（8）　物理的，制度的，文化・情報面，意識上などの障壁をなくすことを何というか。

（　　　　　　　　　）

（9）　障がいの有無や年齢，性別，人種などにかかわらず，あらゆる人が利用しやすいようなデザインを
　　　何というか。　　　　　　　　　　　　　　　　　　　　　　　　　　　　（　　　　　　　　　）

（10）　さまざまな化学物質に体が反応し，頭痛・吐き気・喘息などの症状が出て日常生活に支障をきたす
　　　ことを何というか。　　　　　　　　　　　　　　　　　　　　　　　　　（　　　　　　　　　）

（11）　住宅の高気密化などで建材等から発生する化学物質などによる室内空気汚染等がひどくなり，それ
　　　によって生じた健康影響を何というか。　　　　　　　　　　　　　　　　（　　　　　　　　　）

（12）　次のア〜カの中から持ち家の特徴をすべて選び，記号で答えよう。

　ア　ライフステージに応じて住み替えが容易。

　イ　土地・建物が資産となるが，価値は変動する。

　ウ　維持管理の費用はすべて自己負担。

　エ　土地や建物に税金がかかる。

　オ　増改築はほぼできない。

　カ　家賃や管理費を払い続けなければならない。

　キ　高額なことが多く，借金を背負うことが多い。　　　　　　　　　　　　　（　　　　　　　　　）

（13）　次の①〜③の説明に当てはまる法律を選択肢から選び，記号で答えよう。

　①　建築物の広さ・高さの制限，日照権の確保，防火性能，耐震強度など住む人の環境や安全を守るた
　　　めの性能などを規定している法律。　　　　　　　　　　　　　　　　　　（　　　　　　　　　）

　②　用途地域を定め，建築物の用途や密度を制限し，鉄道や道路などの社会基盤の配置や設置計画を規
　　　定している法律。　　　　　　　　　　　　　　　　　　　　　　　　　　（　　　　　　　　　）

　③　住宅事業者は保険加入や保証金により，住宅事業者が倒産した場合でも，欠陥を直すための費用を
　　　確保することを義務づけた法律。　　　　　　　　　　　　　　　　　　　（　　　　　　　　　）

ア　住生活基本法　　イ　建築基準法　　ウ　都市計画法　　エ　住宅品質確保法	
オ　バリアフリー新法　　カ　住宅セーフティネット法　　キ　住宅瑕疵担保履行法	

01 お金の管理とライフデザイン

教 p.164〜167

1 収入と支出について，次の問いに答えよう。

（1）次の（　）に適語を記入しよう。 ★

　　私たちの生活は，（¹　　　　）や（²　　　　　　）を労働などで得たお金と（³　　　　）（購入や賃借）することで成り立っている。このようにお金は受け取るもの（（⁴　　　　））と支払うもの（（⁵　　　　））に分けられる。勤労の対価として得る収入を（⁶　　　　）といい，そこから（⁷　　　　　　）やA非消費支出を支払っている。実収入から非消費支出を引いたものを，B可処分所得という。

（2）文中の下線部A・Bについて説明しよう。 ★★

A　非消費支出	
B　可処分所得	

2 「フリーランス」という働き方について，メリット，デメリットがわかるように説明しよう。★★★

3 教科書p.165④の正社員の給与明細について，次の問いに答えよう。

（1）給料から天引きされている保険料について，①〜④の説明として当てはまるものを選択肢から選び，記号で答えよう。 ★

①　健康保険　　　　　　　　　（　　　）　　②　介護保険　　　　　　　　（　　　）

③　厚生年金保険　　　　　　　（　　　）　　④　雇用保険　　　　　　　　（　　　）

ア　老後・障がい状態時・遺族の生活費などを保障する制度。
イ　失業した際の給付金や教育訓練給付金，育児・介護休業給付金などがある。
ウ　病気やけがをした時に一定の自己負担で医療を受けられる。高額療養費制度もある。
エ　介護が必要になった高齢者を社会全体で支えるしくみ。40歳以上の人が加入する。

（2）この正社員の可処分所得はいくらか計算しよう。 ★★

計算式		金額	円

4 教科書p.165④・⑤の正社員とアルバイト社員の給与明細票を比較して，次の問いに答えよう。

（1）正社員とアルバイトで，大きく異なる点をあげてみよう。 ★★

（2）このアルバイト社員について，正しいものには○を，誤っているものには×を書こう。 ★★

①　収入額が一定額以下なので，所得税はかからない。　　　　　　　　　　　（　　　）

②　健康保険は住民票のある市区役所・町村役場で加入し保険料を払う。　　　（　　　）

③　収入額が一定額以下なので，年金保険には加入しなくてもよい。　　　　　（　　　）

5 金融商品には三つの基準があるが，そのすべてを兼ね備えた金融商品は存在しないといわれている。次に示した三つの基準とその説明を線で結ぼう。　★★★

（1）安全性　・　　　　　・ア　お金が必要になった時に，自由に換金（現金で受け取ること）ができること。

（2）流動性　・　　　　　・イ　運用によって高い収益が得られる可能性。

（3）収益性　・　　　　　・ウ　運用にあてた資金（元本）が減らないこと。預金保険の対象であること。

6 教科書p.166⑨の「年代別に見た貯蓄の目的」について，次の問いに答えよう。　★

（1）20～40代でもっとも割合が高い目的は何か。　　　　　　（　　　　　　　　　　）

（2）40代から割合が増加する目的は何か。　　　（　　　　　　　　　）（　　　　　　　　　）

7 金融商品について，次の問いに答えよう。

（1）次の金融商品の説明として当てはまるものを選択肢から選び，記号で答えよう。　★

①　株式投資………（　　　）　　②　投資信託………（　　　）　　③　債　券………（　　　）

> ア　国や地方公共団体，企業などが事業資金を借用するために発行する借用証書のようなもの。
>
> イ　会社が活動資金を集めるために発行している株式を買って株主となり，経営に参加する権利などを得ること。
>
> ウ　資金の運用を専門家に委ねる投資方法。

（2）金融商品のリスクとリターンの関係を示した右の図について，a～cに当てはまる金融商品を書こう。　★

a：（　　　　　　　　）

b：（　　　　　　　　）

c：（　　　　　　　　）

大（高）

ローリスクハイリターン

リターン

預貯金

小（低）

小（低）　　　リスク　　　大（高）

日本証券業協会Webサイトより作成

MEMO

8章

消費・環境

02 暮らしと経済のかかわり 03 意思決定と契約 教 p.168〜171

1 家計と経済のしくみについて，次の問いに答えよう。 ★

（1）国民経済の三主体について，右の図の（　）に適語を記入しよう。

（2）次の①〜⑥の説明にあてはまるものを，右図のA〜Hから選び，記号で答えよう。

① 企業の株を保有し，配当金を受け取っている。（　　）

② 自営業を営み，国民年金保険料を納めてきた。65歳から年金を受け取っている。（　　）

③ 電気店でパソコンを購入し代金を支払った。（　　）

④ 県庁に勤務して公務員として給与を得ている。（　　）

⑤ 国債を保有し，利子を受け取っている。（　　）

⑥ IT系の企業に正社員として勤務し，給与を得ている。（　　）

2 為替相場と輸出入の関係について，次の問いに答えよう。

（1）右の表の①〜⑥に当てはまる数値を計算しよう。★

① （　　　　　）円　　② （　　　　　）円

③ （　　　　　）円　　④ （　　　　　）円

⑤ （　　　　　）円　　⑥ （　　　　　）円

（2）次の①〜④が円高・円安のどちらに当てはまるか答えよう。★

① 輸出企業は売上高が大きくなり，自動車・電機などの企業がもうかる。（　　）

② 海外旅行に割安感が生じる。（　　）

③ 海外から天然資源を安く輸入できるようになり，石油製品が値下がりしやすい。（　　）

④ 1ドル100円から1ドル80円になる。（　　）

■為替相場と輸出入

輸出		輸入
自動車 3万ドル		原油 1バレル70ドル
（①）円 の売上	円安の場合（1ドル＝125円）	1バレル （②）円で購入
（③）円 の売上	1ドル＝100円を基準とする	1バレル （④）円で購入
（⑤）円 の売上	円高の場合（1ドル＝80円）	1バレル （⑥）円で購入

3 次の語句について説明しているものを選択肢からすべて選び，記号で答えよう。 ★

（1）インフレーション （　　　　　）

（2）デフレーション （　　　　　）

ア 不景気となり，所得が下がるとともに物価も下落する現象。

イ 好景気となり，所得が増加するともに物価も上昇する現象。

ウ 通貨の価値は下がる。

エ 通貨の価値は上がる。

4 知的財産権について，簡潔に説明しよう。　　　★★

5 自分が商品を選ぶ場面を想定し，意思決定のプロセスを次の表に記入しよう。　★★★

目標・課題を決める	情報を収集する	比較する	購入・使用する	評価する

6 契約について，次の問いに答えよう。

（1）次の①〜④に当てはまるものを選択肢から選び，記号で答えよう。　★★

① パンを買う　　　　　　　（　　　）　　② 働く　　　　　　　　　　　（　　　）

③ アパートを借りる　　　　（　　　）　　④ 宅配の荷物を受け取る　　（　　　）

ア　借家契約　　イ　雇用契約　　ウ　運送契約　　エ　売買契約

（2）契約上の注意点について（　　）に適語を記入しよう。また，下線部について，どのようなことを確認すべきか書こう。　　★★

　　契約の際に（¹　　　　　）は必ずしも必要なく，（²　　　　　）でよいが，重要な契約は（1）にしたほうがよい。いったん成立した契約は，一方的に（³　　　　　）できない。したがって，契約の内容を確認することや，わからないまま署名や押印（おういん）をしないなど，慎重な態度が求められる。特にインターネットを利用する場合は，契約が瞬時にできて便利である反面，注意が必要である。

確認すべきこと

MEMO
- -
- -
- -
- -
- -

8章　消費・環境

04 購入方法の多様化 ▎05 消費者問題

教 p.172〜177

1 電子商取引のトラブルの事例と，利用する時の注意点をあげてみよう。 ★★

トラブルの事例

利用する時の注意点

2 シェアリング・エコノミーについて，関連が深いものを線で結ぼう。 ★

（1）空間のシェア・　　　　　・ア　カーシェア

（2）物のシェア　・　　　　　・イ　家事代行・ベビーシッター

（3）移動のシェア・　　　　　・ウ　フリマアプリ

（4）技術のシェア・　　　　　・エ　民泊

3 支払方法の多様化について，次の問いに答えよう。

（1）次の（　　）に適語を記入しよう。 ★

キャッシュレス化が（1　　　　　　　　）の推進というかたちで進められている。（1）とはファイナンシャルとテクノロジーを組み合わせた造語である。現金を持ち歩かなくてよいので便利な反面，さまざまな課題もある。

（2）文中の下線部について，どのような課題があるか書こう。 ★★

4 代金の支払い方法について，メリットとデメリットをあげて比較しよう。 ★★★

支払い方法	メリット	デメリット
（1）現金支払い		
（2）クレジットカード		
（3）電子マネー		

年　　組　　番　名前　　　　　　　　　　　　検印

5　買い物の際のポイントサービスについて，B子さんの会話文を考えて書こう。 ★★★

A子さん

B子さん
コンビニエンスストアに行くたびにレジの店員さんが「ポイントカードはお持ちですか」ってきいてくれるんだよ。あのコンビニ，サービスいいよね。

A子さん

えー，そうだったの。

6　消費者信用と信用情報機関，多重債務と自己破産について（　　）に適語を記入しよう。 ★

　現金がないのに商品やサービスを購入したい時には，お金を借りるか，後払いで購入する方法がある。(¹　　　　　　　)は消費者金融，(²　　　　　　　)は販売信用といい，どちらも消費者の将来の支払能力を(³　　　　　　　)して利用させるもので，(⁴　　　　　　　)という。これらを利用して期限内に支払いをしなかった場合には，(⁵　　　　　　　)に延滞情報として登録され，大きな不利益をこうむることになるので，契約内容を確認し，きちんと守ることが大切である。

　自分の返済能力を考慮しないで消費者信用を利用した結果，返済のために他の業者からの借入(かりいれ)を繰り返して(⁶　　　　　　　)になる場合がある。(6)の解決方法には，(⁷　　　　　　　)・(⁸　　　　　　　)・(⁹　　　　　　　)などの方法がある。自分で返済しようと無理をするのではなく，早めに専門家に相談するとよい。

7　問題となる商法について（　　）に当てはまる語句を選択肢から選び，記入しよう。 ★

　消費者をねらった問題商法(悪質商法)の被害が後を絶たない。若者の被害は，件数ではインターネット関連のものが多数を占めるが，被害額では(¹　　　　　　　)，(²　　　　　　　)，(³　　　　　　　)も少なくない。美容関連サービスなどでは，若者特有の不安につけこまれる被害もある。高齢者では，(⁴　　　　　　　)，(⁵　　　　　　　)，(⁶　　　　　　　)が多く，健康食品や投資関連商品など，健康や老後の生活資金への不安につけこまれる被害が目立つ。

架空請求(かくうせいきゅう)　マルチ商法　キャッチセールス　訪問販売　電話勧誘販売
アポイントメントセールス

MEMO

8章

消費・環境

06 消費者保護 07 持続可能な社会をめざして(1) 教 p.178〜181

1 次の(1)〜(6)に関連の深い消費者法を選択肢から選び, 記号で答えよう。 ★

(1)消費者から帰るようにいわれても帰らず勧誘を続け契約をさせる行為に関する契約
解消について定めている。 (　　　)

(2)消費トラブルを生じやすい7つの取引類型を対象。 (　　　)

(3)欠陥商品によって生じた事故について消費者救済。 (　　　)

(4)国・地方自治体・事業者などに消費者政策などに関する責務を定めている。 (　　　)

(5)クーリング・オフ制度について定めている。 (　　　)

(6)事業者が消費者に事実とは異なる説明をして契約をさせる行為。 (　　　)

> ア 消費者基本法 　イ 消費者契約法 　ウ 特定商取引法 　エ 製造物責任法(PL法)

2 特定商取引法について, 次の問いに答えよう。

(1)次の表について, 具体例を選択肢から選んで書こう。また, 適用されるクーリング・オフ期間の日数
を書こう。 ★

取引の種類	具体例	クーリング・オフ期間
訪問販売	(1　　　　　　　　　　), (2　　　　　　　　), 催眠商法	(7　　日間)
通信販売	(3　　　　　　　　), カタログショッピング	なし
電話勧誘販売	通信講座の勧誘など	8日間
連鎖取引販売	(4　　　　　　)	(8　　日間)
特定継続的役務提供	(5　　　　　　), パソコン教室, 語学教師	(9　　日間)
業務提供誘引販売取引	(6　　　　　　)	(10　　日間)
訪問購入	押し買い	8日間

> エステ 　ネットショッピング 　アポイントメントセールス
> キャッチセールス 　マルチ商法 　内職商法

(2)クーリング・オフ期間は, いつを起点に計算するのか。 ★★

(3)通信販売にクーリング・オフが適用されないのはなぜか。 ★★

3 消費者が消費生活センターや消費生活相談窓口に相談をすることの目的について，二つの観点から説明しよう。　★★

（解答欄）

4 右の図を見て，（　　）に適語を記入しよう。　★

　日本では，地球サミットを契機（けいき）として，1993年に（¹　　　　　　　）が定められた。

（²　　　　　　　　）の実現に向けて，生物多様性を守る（³

　　　　），大量廃棄物を出さない（⁴　　　　　　），気候変動に対して（⁵　　　　　　）がめざされてきた。

　2015年には，国際持続可能な開発サミットで「持続可能な開発目標

（⁶　　　　）」が定められ，2030年を達成目標に取り組まれている。

自然の恵みの享受と継承

生態系と環境負荷

気候変動と生態系

3Rを通じた資源確保

気候変動とエネルギー・資源

温室効果ガス排出量の大幅削減

5 消費行動の「3R・5R」についてまとめた次の表の①〜⑩に適語・適文を記入しよう。　★★

5R	3R	3R・5R	意味	事　例
		Reduce	①	②
		③	再利用すること。	④
		⑤	資源として再び利用すること。	⑥
	Refuse		⑦	⑧
	Repair		⑨	⑩

MEMO

8章

消費・環境

08 持続可能な社会をめざして(2) 09 消費者市民社会

教 p.182～185

1 CSR(Corporate Social Responsibility)について説明し，事例をあげてみよう。 ★★

説明

事例

2 現在，あなたが住んでいる地域の魅力について調べよう。 ★★★

　例えば，風景，自然，郷土食，伝説，人物，歴史的建造物，伝統的な祭り，暮らしやすさ，などに着目してみよう。

地域(○市○○地区など)

3 フェアトレードについて，次の問いに答えよう。

（1）フェアトレードは発展途上国の人々の経済的・社会的な自立を支援する運動である。フェアトレードの特徴について簡潔に説明しよう。 ★★

（2）フェアトレードの認証マークはどのような商品についているか調べよう。 ★★

4 国際消費者機構(CI)が提唱した8つの権利と5つの責務について(　　)に適語を記入しよう。 ★

消費者の8つの権利	消費者の5つの責務
1．生活の基本的ニーズが(¹　　　　　)される権利	1．批判的意識
2．(²　　　　　)から守られる権利	2．主張と(⁸　　　　　)
3．(³　　　　　)を知る権利	3．社会的弱者への(⁹　　　　　　)
4．(⁴　　　　　)する権利	4．(¹⁰　　　　　)への自覚
5．意見を(⁵　　　　　)される権利	5．連帯
6．(⁶　　　　　)される権利	
7．(⁷　　　　　　)を受ける権利	
8．健全な環境のなかで働き生活する権利	

5 次の(1)〜(6)の文のうち,「グリーンコンシューマー10の原則」の考え方にそったものに○を,そうでないものに×を書こう。 ★★

(1)再生紙を使っているノートを購入した。　　　　　　　　　　　　　　(　　)
(2)キャベツの安売りをしていたので,1/2個でよいのに,1個購入した。　(　　)
(3)フェアトレードのマークのついた紅茶を購入した。　　　　　　　　　(　　)
(4)包装してあるきゅうりではなく,ばら売りのものを購入した。　　　　(　　)
(5)県内産より外国産のほうが安かったので,外国産のレモンを購入した。(　　)
(6)有機JASマークのついているトマトを購入した。　　　　　　　　　　(　　)

6 消費者市民社会について,次の問いに答えよう。

(1)次の(　　)に適語を記入しよう。　　　　　　　　　　　　　　★
　(¹　　　　　　　　　)の推進に関する法律では,消費者教育と(²　　　　　　)について定義されている。私たちは,消費者として社会の公正・公平が保たれるよう,Think Globally Act Locallyことが必要である。
(2)文中の下線部について,文章がつながるように「Think Globally Act Locally」を日本語に直そう。 ★★

MEMO

8章　消費・環境

章末問題

教 p.164～185

1. 年代別に見た貯蓄の目的のグラフを見て，次の問いに答えよう。

■年代別に見た貯蓄の目的

金融広報中央委員会「家計の金融行動に関する世論調査(二人以上世帯調査，2020)」による

（1）　次の①～④に当てはまる年代を答えよう。

①　子どもの教育資金のための貯蓄が最も多い。　（　　　　　）歳代

②　病気や災害への備えのための貯蓄がどの世代よりも多い。

（　　　　　）歳代

③　教育資金のための貯蓄が減りはじめ，老後の生活資金のための貯蓄が増加する。　（　　　　　）歳代

④　住宅取得。増改築のための貯蓄がどの世代よりも多い。

（　　　　　）歳代

（2）　人生の三大費用といわれているものをあげよう。

（　　　　　　　　　）（　　　　　　　　　）（　　　　　　　　　）

2. マルチ商法について，調べよう。

（1）　マルチ商法はなぜ問題なのか，問題点を書こう。

（2）　マルチ商法はなぜ広がりやすいのか，その理由を書こう。

3. 次の（1）～（3）の契約は，法律によって解消することができる。解消できる理由を書こう。

（1）　「この金融商品は近い将来必ず値上がりしますよ」といわれて契約した場合。

（2）　男性に声をかけられ，営業所に連れていかれた。「君に似合うから」とジュエリーの契約を勧められた。「高額なので買えない」と断ったが，社長と名乗る人も出てきて，契約するまで帰してもらえなかった。

（3）　隣に高層マンションの建設予定があることを知りながらそれを告げられず,「眺望[ちょうぼう]や日照が最高ですよ」と説明されて契約した。

4.　クレジットカードを用いた場合の支払い方法の特徴のうち，リボ払いのデメリットを書こう。

	メリット	デメリット
一括払い	金利がかからない。	支払い日に全額用意する必要がある。
分割払い	支払いが分割されるため，一回あたりの支払い額は小さくなる。	金利がかかる。回数が多いほど，金利が大きくなる。
リボ払い	毎月の返済額は原則として一定であるため，返済計画は立てやすい。	

（金融広報中央委員会「これであなたもひとり立ち」による）

5.　5万円の商品を，クレジットカードを用いて10回払いで購入した場合について，次の問いに答えよう。

支払い回数	3回	5回	10回	12回
分割手数料率	2.2%	3.4%	6.7%	8.3%

（1）　手数料の合計額はいくらか計算しよう。
　　　　　　　　計算式(　　　　　　　　　　　　　　)　答(　　　　　)円
（2）　毎月の支払い額はいくらか計算しよう。
　　　　　　　　計算式(　　　　　　　　　　　　　　)　答(　　　　　)円

6.　被害救済のための支援制度について(　　)に適語を記入しよう。

　消費者基本法は，国・地方自治体・事業者について消費者政策などに関する責務[せきむ]を定めている。国は，消費者政策の司令塔として(^{1}　　　　　　　)を設置している。地方自治体は(1)を支え，住民の暮らしを守るために(^{2}　　　　　　　)などの消費生活相談窓口を設置し，住民からの相談や被害救済のためのあっせんを行っている。この他，消費生活相談業務を支援するために(^{3}　　　　　　　)が設置され，さまざまな情報発信などを行っている。
　消費生活について相談があるときは，消費者ホットラインに電話をするとよい。番号は全国共通で(^{4}　　　　　　　)番(泣き寝入りはいやや)である。音声ガイドに従って，地域の(^{5}　　　　　　　)を操作すると，最寄りの(2)につながる。相談は無料で，秘密は守られる。

生活設計 ―自分の未来を描く―

1 仕事について考えてみよう。

（1）人は何のために仕事をするのだろうか？あなたの考えにあうものにチェックしてみよう。

□社会の一員として義務を果たす　　□楽しむためのお金を得る

□生活のために必要なお金を得る　　□人間関係を豊かにする

□自分の才能や能力をいかす　　　　□やりたいことを見つける

□社会的に自立する　　　　　　　　□人々の暮らしをよくする

□やりがいや達成感を得る　　　　　□子どもを育てる

（2）教科書の各章末にある「インタビュー」のなかから興味・関心のある内容のものを選び，感想をまとめよう。

教科書＿＿＿ページ　　仕事＿＿＿＿＿＿＿＿＿　　＿＿＿＿＿＿＿＿＿＿さん
あなたの感想

（3）自分の将来の職業について具体的に考えよう。

・今，好きなこと，関心のあること，得意なことは？

・社会に必要な仕事で，自分にできる仕事は？

・やってみたい仕事は？

・どのくらいの収入があったらよいだろうか？

・必要な資格は？

・その他の勤務条件は？

2 自分の住むまちを見直そう。

（1）これからも，今自分の住んでいるまちにそのまま住むかどうか考え，当てはまるものにチェックを入れてみよう。

□住み続けたい　　□住みたくない　　□一度は他の地域に出て，また戻りたい　　□その他

その理由は？

（2）今住んでいるまちを，それぞれのライフステージやさまざまな状況の立場から評価してみよう。

	よい点	あるとよいもの（まちに足りないもの）	
		ハード面（施設・設備など）	ソフト面（白治体のサポートなど）
乳幼児期・児童期			
青年期			
壮年期			
子育てをしている時			
病気の時			
障がいを持った時			
高齢期			

3　10年後，20年後……50年後の自分の未来のライフプランを自由に考えてみよう。

学ぶ・働く

こんな自分でありたい

家族や人とのつながり

大切にしたいこと，もの

楽しむ

将来のために，今やっておくこと

1 課題設定

家庭科の授業での学習内容を，自分の家庭生活と結びつけて考え，関心のある課題を書き出してみよう。

・

・

・

・

・

2 1であげた課題のなかから1つを選び，キーワードをマッピングしてみよう。

＊ふせんを用いると分類・整理がしやすい。

自由課題学習記録

タイトル

問いや仮説の設定

調査・研究方法

結果・考察

まとめと今後の課題

引用・参考文献等

1　テーマ

2　テーマ設定の理由

3　実施状況（実験・調査結果、写真などの資料は、別紙に添付）＊たりないときは別紙で補う

4　反省・評価

家族や友人の評価

先生の評価

テーマ	学習日	月	日	場所
内容・感想				

テーマ	学習日	月	日	場所
内容・感想				

視聴覚教材

テーマ	学習日　　月　　日	場所

内容・感想

テーマ	学習日　　月　　日	場所

内容・感想

第1章 自分らしい生き方と家族	第2章 子どもとかかわる
あなたはこの単元の学習を通して，どのようなことができるようになりたいですか？	あなたはこの単元の学習を通して，どのようなことができるようになりたいですか？
自己評価　学んだことを，あなたの生活のどの場面で，どのように活かしますか？	自己評価　学んだことを，あなたの生活のどの場面で，どのように活かしますか？

第3・4章 高齢者とかかわる，社会とかかわる	第5章 食生活をつくる
あなたはこの単元の学習を通して，どのようなことができるようになりたいですか？	あなたはこの単元の学習を通して，どのようなことができるようになりたいですか？
自己評価　学んだことを，あなたの生活のどの場面で，どのように活かしますか？	自己評価　学んだことを，あなたの生活のどの場面で，どのように活かしますか？

第6章 衣生活をつくる	第7章 住生活をつくる
あなたはこの単元の学習を通して，どのようなことができるようになりたいですか？	あなたはこの単元の学習を通して，どのようなことができるようになりたいですか？
自己評価　学んだことを，あなたの生活のどの場面で，どのように活かしますか？	自己評価　学んだことを，あなたの生活のどの場面で，どのように活かしますか？
第8章 経済的に自立する	第9章 消費行動を考える
あなたはこの単元の学習を通して，どのようなことができるようになりたいですか？	あなたはこの単元の学習を通して，どのようなことができるようになりたいですか？
自己評価　学んだことを，あなたの生活のどの場面で，どのように活かしますか？	自己評価　学んだことを，あなたの生活のどの場面で，どのように活かしますか？

〔（家基706）Agenda家庭基礎〕準拠
Agenda家庭基礎 学習ノート

表紙デザイン
鈴木美里

●編　者——実教出版編修部

●発行者——小　田　良　次

●印刷所——共同印刷株式会社

●発行所——実教出版株式会社

〒102-8377
東京都千代田区五番町5
電話〈営業〉（03）3238-7777
　　〈編修〉（03）3238-7723
　　〈総務〉（03）3238-7700
https://www.jikkyo.co.jp

002402022

ISBN 978-4-407-36057-8

Agenda家庭基礎学習ノート

解答編

実教出版

Agenda家庭基礎学習ノート　解答編

記述式の問いについては解答例の一つを示した箇所があります。

1章　自分・家族

01 これからをどう生きるか
1 ①つながりの場　②民族　③文化　④家族
⑤余暇
3 (1)○　(2)×　(3)×　(4)○　(5)○　(6)○
(7)○　(8)×
4 (1)ウ　(2)オ　(3)カ　(4)ア　(5)イ　(6)エ
5 ①青年期　②人間　③価値　④居場所
⑤他者　⑥アイデンティティ
7 ①人権　②マイノリティ　③ヘイトスピーチ
④自立

02 青年期の自立
1 ①安定して長く続けられること
②自分のやりたいことができること
③福利厚生が充実していること
2 (1)精神的自立－ウ　(2)社会的自立－イ
(3)経済的自立－エ　(4)生活的自立－オ
(5)性的自立－ア
3 ①生活スキル　②シルバーデモクラシー
③ボランティア　④NPO

03 社会の変化と家族
1 ①世帯　②ひとり(単独)　③3　④高齢者
⑤4　⑥4
2 ①核家族　②性別役割分業　③モデル
④労働　⑤共働き　⑥拡大家族

04 家族・人生・生き方と法律
1 ①家　②戸主　③個人　④両性　⑤30
⑥25　⑦両性　⑧同じ　⑨廃止　⑩無能力
⑪別産　⑫父　⑬共同　⑭父母
⑮互いに　⑯家督　⑰同等
2 ①婚姻届　②協議　③養育費　④養子
⑤認知　⑥遺言　⑦遺留分
3 (1)ジェンダー－エ　(2)基本的人権－ア
(3)ＤＶ－イ　(4)個人尊重－オ
(5)ライフイベント－ウ

05 多様な課題を抱える家族・家庭
1 (1)　相対的貧困率
(2) ①アメリカ－ウ　②イギリス－エ
　　③ドイツ－イ　④ギリシャ－ア
(3) ①高齢　②非正規　③子ども
2 ①介護　②老老介護　③ヤングケアラー
3 (1)ウ・カ・ク　(2)イ・エ・キ　(3)ア・オ
4 ①家　②近所　③趣味　④若者
⑤長期化　⑥高齢化

06 持続可能な生活と仕事
1 ①生活　②過労死　③ワーキングプア
2 (1)イ　(2)ウ　(3)ア
3 (1)エ　(2)ウ　(3)ア　(4)イ
4 ①ディーセント　②生計　③職場　④対話
⑤ジェンダー　⑥ワークルール　⑦労働組合
⑧団結　⑨団体交渉権　⑩争議権
5 (1)男女雇用機会均等法－オ
(2)女性活躍推進法－ア
(3)高齢者雇用安定法－ウ
(4)障害者雇用促進法－エ
(5)働き方改革関連法－イ

07 多様な生き方を保障する社会へ
1 ①ベビー　②1970　③合計特殊出生率
④2.00　⑤晩婚化　⑥負担　⑦両立
2 (1)ウ　(2)エ　(3)イ　(4)ア
3 (1)○　(2)×　(3)×　(4)×　(5)○　(6)○
4 ①性別　②年齢　③仕事　④就労
⑤集まり　⑥ダイバーシティ
⑦インクルージョン

章末問題(1章)
1. (1) ①核家族　②拡大家族　③性別役割分業
④過労　⑤セクシャルハラスメント
⑥マタニティハラスメント
(2) ①高齢者の単独世帯の増加　未婚率の上昇
　　②家族内のケアを担う人が不足することで，老老
　　　介護・ヤングケアラーなどの問題が生じている。
(3) ジェンダー
(4) ア・エ・オ・キ
(5) ディーセント・ワーク
(6) ①アイデンティティ　②社会的　③精神的
(7) ①エ・ケ　②ア・カ・サ　③オ・ク
　　④ウ・コ・シ　⑤イ・キ
(8) 市民性(シティズンシップ)
(9) 相対的貧困率
(10) 合計特殊出生率
(11) ア・ウ・カ
(12) 3
(13) 生活スキル
(14) ダイバーシティ＆インクルージョン

2章　子ども

01 子どもと出会う　02 子どもの心とからだの発達
1 ①新生児　②乳児　③幼児　④児童
⑤言葉　⑥自我　⑦協調　⑧知識

2 ①生理的早産　②喃語　③アタッチメント
④信頼感　⑤肯定感

3 (1)生理的微笑－オ　(2)ベビースキーマ－エ
(3)安全基地－ア　(4)愛着障害－ウ
(5)母子健康手帳－イ

02 子どもの心とからだの発達

1 (1)　①3　②1.5　③愛着　④人見知り
⑤ハイハイ
(2)　①オ→エ→キ→イ→カ→ア→ウ
②エ→ウ→キ→カ→ア→オ→イ
③エ→オ→イ→ウ→ア　④ウ→オ→イ→ア→エ
(3)　①脚の形…M　背柱のわん曲…C　②ゲップ
③ア…大泉門　イ…小泉門
(4)　ウ→カ→イ→エ→ア→オ

2 (1)モロー反射－エ　(2)吸啜反射－ウ
(3)把握反射－ア　(4)原始歩行－イ

3 (1)ウ　(2)エ　(3)イ　(4)ア

03 子どもの生活

1 ①食事　②排せつ　③睡眠　④清潔
⑤着脱衣　⑥あいさつ　⑦ルール
⑧繰り返し　⑨意欲

2 (1)○　(2)×　(3)○　(4)×　(5)○　(6)×

3 (1)5～6か月－エ　(2)7～8か月－ウ
(3)9～11か月－ア　(4)12～18か月－イ
①うす味　②　間食

4 ア・オ・カ

5 (1)○　(2)×　(3)×

6 ①免疫　②機嫌　③顔色　④泣き方

04 子どもと遊び

1 (1)　①遊び　②経験　③自発　④主体性
⑤社会性　⑥思考力　⑦自信
(2)　①感覚・運動遊び－オ　②想像遊び－ウ
③構成遊び－ア　④受容遊び－エ
⑤伝承遊び－イ
(3)　①ひとり遊び－ウ　②協同遊び－エ
③並行遊び－ア　④傍観遊び－イ

2 (1)　①運動　②時間　③空間　④仲間
⑤戸外
3 (1)　①園児　(4)　②かかわり　(5)　③体験

05 子どもの育つ環境と社会

1 ①幼稚園　②0～2歳　③保育
2 (1)育児・介護休業法－エ　(2)学童保育－キ
(3)女子差別撤廃条約－オ　(4)母子健康法－ア
(5)男女雇用機会均等法－カ
(6)子育てひろば－イ　(7)労働基準法－ウ
3 (1)　①2歳　(2)　②食事中　(3)　③2時間
(4)　④子ども部屋　(5)　⑤ルール
4 ①待機児童　②子育て負担　③3歳児神話

④母性神話　⑤ワンオペ育児
⑥ワーク・ライフ・バランス

06 子どもの権利と福祉

1 ①児童福祉　②児童憲章　③子どもの権利
④意見表明　⑤保護　⑥権利　⑦Well-being
■子どもに関わる法律・憲章・条例
①養育　②保護　③自立　④環境　⑤意見
⑥責任　⑦公共団体　⑧人　⑨一員
⑩環境　⑪生きる　⑫育つ　⑬守られる
⑭参加する
2 (1)児童手当－ウ　(2)就学援助－エ
(3)社会的養護－ア　(4)児童虐待防止法－オ
(5)子どもの貧困対策法－イ
3 (1)　①対価　②リベンジポルノ

07 子どもと共に育つ

1 ①発達　②生殖　③子ども　④何人
⑤自分　⑥性感染症　⑦障がい　⑧命
2 ①責任　②習慣　③自立心　④児童相談所
⑤189　⑥身体的　⑦性的　⑧心理的
⑨ネグレクト
3 ①責任　②減少　③家族　④次世代育成
⑤顔　⑥変化　⑦尊重　⑧健康

章末問題（2章）

1. (1)　①脳　②喃語　③一語文
④生理的微笑　⑤第一次反抗　⑥基本的生活
⑦予防接種　⑧離乳食　⑨時間　⑩空間
⑪仲間
(2)　c
(3)　愛着（アタッチメント）関係
(4)　3歳児神話
(5)　イ
(6)　初乳
(7)　①×　②○　③○　④○　⑤×
(8)　①育児・介護休業法－エ
②ベビースキーマ－イ
③女子差別撤廃条約－オ
④母子保健法－ア
⑤ネグレクト－カ
⑥母子健康手帳－キ
⑦労働基準法－ウ

3章　高齢者

01 高齢者を知る　02 高齢社会の現状と課題

1 (1)准高齢者　(2)高齢者　(3)超高齢者
2 日常生活に制限がなく健康的に生活できる期間。
3 ウ
4 ①仕事　②子育て　③ポジティブ
8 ①3,515万　②27.7　③超高齢社会　④減少

⑤夫婦のみ　　⑥48.7　　⑦単独　　⑧67.4
⑨年金　　⑩恩給

03 高齢者の尊厳と自立の支援

1 ①配偶者　②子　③子の配偶者　④事業者

2 (1)エイジズム－ウ
(2)日常生活自立支援事業－イ
(3)成年後見制度－ア
(4)廃用症候群－オ
(5)ユマニチュード－エ

4 (1)○　(2)×　(3)○　(4)×　(5)×

5 (1)　①脇　②ゆっくり　③後ろ向き
(2)　④一口分　⑤目視　⑥口　⑦お茶
⑧水分　⑨湿らせる　⑩気道　⑪窒息
⑫肺炎　⑬命

04 高齢者を支える制度としくみ

1 ①介護予防ケアマネジメント　②総合相談支援
③権利擁護　④早期発見・予防
⑤ケアマネジャー　⑥助言　⑦支援

2 (1)　①介護保険法　②生活　③介護
④サービス　⑤相談拠点　⑥市区町村
⑦地域包括ケアシステム
(2)　医療　　介護　　介護予防　　住まい
自立した日常生活の支援

3 ①ク　②オ　③ウ　④イ　⑤キ　⑥サ
⑦エ　⑧コ　⑨ア　⑩カ　⑪ケ

4 ①介護保険　②家族　③40　④保険料
⑤要介護認定　⑥ケアプラン　⑦国民年金
⑧厚生年金　⑨20　⑩60　⑪65
⑫雇用安定法　⑬虐待防止法

4章　社会福祉

01 生活を支える福祉と社会保障制度

1 ①尊厳　②人種　③性　④権利
⑤日常生活

2 (1)Well‐being－エ
(2)ノーマライゼーション－ウ
(3)ユニバーサルデザイン－ア
(4)ソーシャルインクルージョン－イ

4 社会保険　　公的扶助　　社会福祉　　公衆衛生

5 ①介護保険　②雇用保険
③労働者災害補償保険

6 ①健康診断　②健診　③母子健康　④医療
⑤児童福祉　⑥保育所　⑦児童クラブ
⑧地域の子育て支援　⑨児童手当　⑩介護保険
⑪年金　⑫遺族　⑬障害　⑭老齢
⑮生活保護　⑯資産　⑰能力　⑱労災
⑲雇用　⑳職業相談　㉑育児　㉒介護

02 共生社会の実現に向けて

1 (1)　①エ　②イ　③ウ　④ア
(2)　⑤a　⑥c　⑦b　⑧b

2 (1)①地域住民　②団体　③協働
④見守り　⑤移動　⑥居場所

4 (1)①2.3　②1

章末問題（3章＋4章）

1. (1)要支援1・2と，要介護1・2の認定者数が増えている。
(2)要支援の段階で，要介護にならないようリハビリや運動，会話を楽しむことのできる場づくりやデイケアサービスの充実などの予防や対策を取ることが有効である。

2. ①2,267　②644　③34,057　④16,928
⑤息子　⑥夫　⑦娘　⑧ふたりだけ
⑨半数

3. (1)　①窃盗　②介護負担　③介護殺人
④交通死亡事故
(2)介護や生活環境の改善（ベーシックインカムなどについても早急に議論を進めるなど）。

4. 役場や近隣の地域包括支援センター

5. ①低所得　②年金保険料　③低い　④長く
⑤家族　⑥非正規　⑦未婚化　⑧貯蓄

6. 「認知症カフェ」，「ケアラーズカフェ」などの場づくりや，声かけ，ボランティア，プロボノなど，自分たちが，暮らしやすい地域をつくりあげていくという意識と工夫が必要である。

7. 現在の制度体系の維持は難しいと考える。経済格差も広がっており，格差を是正するためにもこれまでのシステムにとらわれない新たな発想や制度の導入が必須となる。

5章　食生活

01 食べることを通して

1 ①20〜29歳　②何も食べない　③男性

2 孤食－エ　　固食－オ　　個食－ウ
小食－ア　　濃食－イ

4 (1)　①たんぱく質　②脂質　③炭水化物
(2)1965年は，炭水化物の割合が高く脂肪の割合が低かった。1985年には，PFCバランスがほぼ正三角形となり目標値に近い形となった。2019年には，炭水化物の割合がやや低くなり，脂質が増加している。

5 (1)　①炭水化物　②米　③肉　④牛乳
⑤乳製品　⑥一汁三菜　⑦無形文化
(2)　①イ・エ・カ　②ア・オ　③ウ
(3)異なるうま味を組み合わせると，うまみがさらに増すこと。

6 (1)　①糖尿病　②生活習慣病　③健康寿命
(2)　男性　　40代以上

(3)将来，骨粗しょう症，妊娠する力の低下，低出生体重児誕生の可能性につながりやすい。

02 栄養と食品

1 ①15 〜 17歳　②12 〜 14歳　③約6割

2 ①炭水化物　②脂質　③たんぱく質
④ミネラル　⑤ビタミン　⑥4　⑦9
⑧4

3 ①イ　②オ　③ア　④エ　⑤ウ

4 (1)　栄養素の運搬　汗による体温調節
老廃物の排せつ
(2) ①代謝水　②不感蒸せつ

5 ①エ　②ウ　③イ　④ア

03 栄養素のはたらきと食品の栄養　―炭水化物・脂質―

1 ①4　②糖質　③食物繊維　④ぶどう糖
⑤肝臓　⑥グリコーゲン

2 ①ウ　②ア　③イ　③イ　④ケ　⑤オ
⑥ク　⑦コ　⑧エ　⑨サ　⑩カ　⑪シ
⑫キ

3 (1)○　(2)○　(3)×

4 (1) ①70　②水分　③ジャポニカ米
④アミロペクチン　⑤アミロース
⑥アミロペクチン
(2) β-でんぷん　　α-でんぷん
(3) ①清酒　上新粉　②おかき　白玉粉

5 ①リン脂質　②コレステロール　③脂肪酸
④グリセリン　⑤脂肪酸　⑥9　⑦細胞膜

6 (1) ①ステアリン酸　②オレイン酸
③リノール酸　④リノレン酸　⑤DHA
⑥肉類　⑦オリーブ油　⑧ごま油　⑨魚介類
(2) ①成長・発達や皮膚の状態を正常に維持するはたらき。　②脳や神経，網膜の機能を正常に維持するはたらき。

03 栄養素のはたらきと食品の栄養　―たんぱく質―

1 (1) ①アミノ酸　②9　③アミノ酸価
④補足効果
(2) ①リシン　②49

2 (1) ①ク　②ア　③エ　④イ　⑤カ
⑥オ　⑦キ　⑧ケ　⑨ウ　⑩オ　⑪キ
(2) ①C　②A　③B　④A　⑤C
⑥B

3 ①ウ　②オ　③イ　④ア　⑤エ

4 ①グリアジン　②グルテニン　③グルテン

5 ①ア　②エ　③カ　④ウ　⑤イ　⑥キ
⑦オ

03 栄養素のはたらきと食品の栄養　―ミネラル・ビタミン・その他―

1 ①100　②カルシウム　③鉄　④50
⑤リン　⑥1：1

2 ①ビタミンA　②粘膜　③夜盲症
④緑黄色野菜　⑤ビタミンD　⑥カルシウム
⑦酸化　⑧血液凝固　⑨ビタミンB$_1$
⑩ぶどう糖　⑪豚肉　⑫口角炎　⑬チーズ
⑭アミノ酸　⑮ビタミンC　⑯コラーゲン
⑰壊血病　⑱くだもの

3 (1)　ウ・エ
(2)　ア・イ

4 ①甘味　②塩味　③酸味　④苦味
⑤うま味　⑥舌　⑦揮発性　⑧香辛料

5 (1)有害な活性酸素を除去したり脂質の酸化を防いだりしている。
(2) ①カテキン　②ケルセチン
③アントシアニン

04 食品の選択

1 ①原産地　②解凍　③養殖　④米
⑤トレーサビリティ　⑥個体識別番号

2 (1)　調味料(アミノ酸等)，香料，甘味料(ステビア，カンゾウ)
(2)　小麦，卵，乳成分　　大豆
(3)　（計算式）4 × 3.8 + 9 × 11.7 + 4 × 22.5 ＝ 210.5
（答）211

3 (1) ①消費　②賞味
(2) ①おにぎり，幕の内弁当
②スナック菓子，レトルト食品

4　期待できる効果…害虫や除草剤などへの耐性強化による生産性向上や，高品質化が期待できる。
懸念される事柄…環境への悪影響や，新しい技術なので長期的な安全性が懸念される。

5 ①塩化マグネシウム　②ペクチン
③ソルビン酸　④オルトフェニルフェノール
⑤ビタミンC　⑥コチニール
⑦亜硝酸ナトリウム　⑧亜硫酸ナトリウム
⑨アスパルテーム　⑩ステビア　⑪豆腐
⑫しょうゆ　⑬清涼飲料水　⑭ハム
⑮かんぴょう　⑯ダイエット食品

6 ①ウ　②カ　③オ　④エ　⑤キ　⑥ク

05 食品の取り扱い

1 ①イ　②ア　③カ　④ケ　⑤エ　⑥ク
⑦オ　⑧キ　⑨ウ

2 ①腸炎ビブリオ菌　②サルモネラ菌
③カンピロバクター　④黄色ぶどう球菌
⑤ボツリヌス菌　⑥ノロウイルス　⑦ソラニン
⑧テトロドトキシン　⑨真水　⑩化膿

3 (1)手を石けんでよく洗う。まな板，包丁などの調理器具を清潔にする。
(2)低温で保存。冷蔵庫，冷凍庫に保存する。冷蔵庫はつめすぎず，扉の開閉を短くして温度を保つ。調理後，できるだけ早く食べる。

(3)加熱する。肉や魚はよく加熱する。つくり置きの料理は，食べる前に再加熱する。

4 ①細菌　②ウイルス　③アニサキス
④加熱

06 食品の安全性　07 豊かな食生活の背景には

2 (1)BSE問題－ウ　(2)中食－イ
(3)原発事故－ア

4 (1)　①約600万トン　②約1.5倍
③食品ロス削減推進法
(2)廃棄処分にともなう費用。食料の安定供給。環境（温暖化，水資源など）への負荷。
(3)賞味期限の延長。年月表示化。納入期限の緩和。
(4)計画的に買い物をする。メモをもって買い物をする。必要なものを選んで買う。つくりすぎない。残さず食べる。

5 ①フードバンク　②バーチャルウォーター
③フード・マイレージ　④地産地消

08 食事をつくる

1 外食は味つけが濃い，量が多い，油っぽいものが多く塩分やエネルギーをとりすぎる傾向にある。

2 ①消化機能　②うす味　③エネルギー
④鉄　⑤塩分　⑥糖分　⑦歯
⑧たんぱく質

3 ①6　②6　③18　④3　⑤9
⑥4　⑦12

4 (1)煮る－ウ　(2)揚げる－エ
(3)焼く－ア　(4)電子レンジ－イ

章末問題（5章）

1. ①主菜　②汁物　③米（飯）　④魚類
⑤大豆製品　⑥野菜　⑦いも

2. ①316　②10.1　③75　④6.1　⑤134
⑥4.6　⑦134　⑧6.6　⑨693　⑩27.6

3. （式）60÷1.7÷1.7＝20.76　（BMI値）20.8
（評価）標準

4. ①20　②カルシウム　③ビタミンD
④たんぱく質　⑤ビタミンC　⑥ナトリウム
⑦高血圧

5. (1)　加工でん粉，香料
(2)　（表示義務のある食品）小麦，卵，乳製品
（表示が推奨される食品）大豆
(3)　（式）4×3.8＋9×11.7＋4×22.5＝210.5
（答）211

6. (1)　有機JASマーク
(2)　特定保健用食品マーク

6章　衣生活

01 衣生活を見直す　02 衣服の機能と着装

3 (1)　①体温調節　②からだの清浄
③からだの保護　④動き　⑤運動　⑥休養
⑦集団　⑧社会的　⑨つながり　⑩慣習
⑪喜び　⑫自己　⑬考え　⑭価値観
⑮自分らしさ
(2)　a帽子　b肌着　c白衣
dスポーツウエア　e制服　f冠婚葬祭の服
gお気に入りの服

4 ①着方を工夫　②その場　③周囲　④環境

5 (1)時，場所，場合に応じた，服装などの使い分けのこと。
(2)からだと衣服の間にできる外気とは異なる空気層のこと。

03 衣服の材料と成り立ち

1 （1番）合成繊維　　（2番）綿

3 (1)　①綿　②ポリウレタン
③ストレッチジーンズ
(2)　④綿　⑤ポリエステル
⑥吸湿性はあるが，しわになりにくいシャツ

4 ①織物　②編物　③繊維

5 意味…一定の基準を満たした農地と農法で栽培した綿花のこと。
利点…綿花を栽培するために多量の農薬を使用するが，農薬は土や水などへの環境負荷が大きく，農業従事者や加工業者への健康被害も問題である。オーガニックコットンは，このような環境汚染や健康被害を防ぐことができる。

6 透湿防水加工，紫外線カット加工，抗菌防臭加工，形態安定加工　など

7 ①植物　②動物　③再生　④合成
⑤綿　⑥麻　⑦毛　⑧絹　⑨レーヨン
⑩アセテート　⑪ポリエステル　⑫アクリル
⑬ナイロン　⑭ポリウレタン　⑮肌ざわり
⑯吸水性　⑰しわ　⑱冷感　⑲保湿性
⑳虫害　㉑光沢　㉒吸水性　㉓摩擦
㉔光沢　㉕強く　㉖静電気　㉗保温性
㉘熱　㉙伸縮性　㉚夏服地　㉛セーター
㉜裏地　㉝ストッキング

04 衣服の管理　05 安心して衣服を着るために

1 (1)一定の量をこえると洗浄力に大きな差はなくなる。
(2)　①水　②環境　③使用量　④時間
⑤最小限に抑える

2 ①親水基　②親油基　③浸透
④乳化・分散　⑤再付着防止

3 (1)　①湿式洗濯　②乾式洗濯　③洗浄効果
④収縮　⑤型崩れ　⑥油性　⑦水洗い

06 いろいろな人が着る衣服　07 これからの衣服

1 (1)乳幼児期－オ　(2)児童期－イ

(3)青年期－ア　　(4)壮年期－ウ
(5)高齢期－エ

5 (1)　97.7
(2)　①環境　　②搾取　　③倫理

章末問題(6章)

1.

(1)身体の機能など	(2)求められる衣服の特徴
例)腰が曲がる。	例)杖をついたり，手すりにつかまったまま着られる衣服。
例)車椅子で移動する。	例)座ったままの姿勢でも着脱できる衣服。
例)腕の骨折	例)腕を曲げたまま着脱できる衣服。

3.　柔軟剤等の香りが強すぎて，気分が悪くなったり，ひどい頭痛が起きたりするなどの健康被害のこと。

4.　(1)　①和綿　　②江戸　　③明治　　④製品
　　⑤安定　　⑥在来種　　⑦遺伝子
(2)①社会問題：適正な価格を払わず，超低賃金での労働搾取が行われている。
②環境問題：大量の農薬散布による土壌汚染。

5.　極小のプラスチック繊維であるマイクロファイバーの使用を減らすため，天然素材を使ったフリースをつくる研究。オーガニックコットンを使用した衣料品の販売。

6.　①購入：少し高くても長く着られるものを買う。流行に乗りすぎず，着回しできるものを選ぶ。すでに似たようなものはないか確認してから買う。ネットショッピングなどではイメージと違うものを購入しないように注意する。
②材料：オーガニックコットンの製品を選ぶ。家で洗濯できるものを選ぶ。
③管理：洗濯するときは，洗剤を適量使用する。長く着られるよう大切に使う。
④保管：防虫剤を使いすぎない。ハンガーにかけて型崩れを防ぐ。
⑤手放し方：人に譲る。リユースショップに引き取ってもらう。ぞうきんとして使う。

7章　住生活

01 住まいの選択　02 ライフスタイルと住まい

1 (1)　①シェルター　　②リフレッシュ
　　③子ども　　④仕事　　⑤交流
2 (1)オ　(2)ウ　(3)カ　(4)ア　(5)イ　(6)エ
3 (1)間取り－ウ　(2)動線－オ
(3)平面図－カ　(4)床座－ア
(5)椅子座－キ　(6)最低居住面積水準－イ
(7)誘導居住面積水準－エ

4 ①引き違い窓　　②片開き窓　　③片開き戸(扉)
　④引込み戸　　⑤雨戸(戸帳)　　⑥片引き戸
　⑦引き違い戸　　⑧階段　　⑨洋服入
5 ①鍵　　②音　　③ペット　　④駐車場　　⑤庭
6 ①住み替え　　②回復　　③家賃　　④資産
　⑤税金　　⑥借金
7 ①解除　　②借地借家　　③消費者契約
　④法テラス　　⑤消費生活

03 さまざまな家族・さまざまな住まい　04 住まいの安全・安心

1 (1)　①間取り　　②家族構成　　③親の目
　④独立　　⑤孤立　　⑥シェアハウス
　⑦コレクティブハウス
2 (1)エ　(2)ア　(3)カ　(4)イ　(5)ウ　(6)キ
(7)オ
3 (1)かび－ウ　(2)シックハウス症候群－オ
(3)化学物質過敏症－ア　(4)バリアフリー－イ
(5)ユニバーサルデザイン－エ

05 住環境の安全・安心　06 環境共生の今・昔
07 住まいづくり・まちづくりへの参加

1 (1)　①バリアフリー　　②ハザードマップ
　③避難訓練　　④耐震　　⑤防災訓練
　⑥復興計画
(2)地震・地盤沈下・台風・洪水・土砂崩れ・噴火などの自然災害，空き巣などの犯罪，火災，電力などの生活基盤の安定供給維持などが考えられる。
2 (1)　①軒　　②夏　　③庭木　　④打ち水
　⑤坪庭　　⑥囲炉裏　　⑦障子　　⑧防風林
　⑨地球温暖化　　⑩断熱　　⑪ヒートアイランド
　⑫公共　　⑬持続可能
(2)白川郷の合掌造り，沖縄の石垣に囲まれた住宅，岩手県南部地方の曲屋，豪雪地の雁木造り，インドネシア(トンコナン)，イタリアのトゥルッリ，中国の客家土楼，インレー湖の水上住宅
(3)冷暖房効率を考えた断熱工法・換気・採光，雨水を貯めておけるタンクの設置，公共交通機関の充実，カーシェア
3 (1)ウ　(2)オ　(3)エ　(4)イ　(5)ア

章末問題(7章)

1.　次の物件広告について，あとの問いに答えよう。
(1)　①片開き戸(扉)
②折れ戸・折り畳み式引き戸　③引き違い窓
(2)　ア　敷金　　イ　礼金　　ウ　仲介手数料
(3)　1DK
(4)　153,000
(5)　565,500
(6)　住民票
(7)　源泉徴収票
(8)　20××－2017

(9) システムキッチン　フローリング
クローゼット

2. (1) コレクティブハウス

(2) 椅子座

(3) 床座

(4) 殺菌作用　ビタミンD生成

(5) VOC

(6) ヒートショック

(7) (現象)結露　(変化)例)カビの発生・木材の
腐食

(8) バリアフリー

(9) ユニバーサルデザイン

⑩ 化学物質過敏症

⑪ シックハウス症候群

⑫ イ・ウ・エ・キ

⑬ ①イ　②ウ　③キ

8章　消費・環境

01 お金の管理とライフデザイン

1 (1) ①商品　②サービス　③交換　④収入
⑤支出　⑥実収入　⑦消費支出

(2)A非消費支出…税金や社会保険料など。直接消費
するものではなく，間接的に使用されるもの。
B可処分所得…自分の裁量で使うことのできるお金
のこと。いわゆる手取り額。

2 企業に所属せず，自身の専門知識やスキルを提供
することで，仕事ごとに契約を結ぶ働き方。自由な
働き方ができるメリットはあるが，収入が安定しに
くく，ローンなどが組みにくいデメリットがある。

3 (1) ①ウ　②エ　③ア　④イ

(2) (計算式)227,530－(5,688+0+19,738+1,365+11,5
00+9,450)　(金額)179,789

4 (1)正社員は1か月の基本給であるが，アルバイト
は時間給単位である。

(2) ①○　②○　③×

5 安全性－ウ　流動性－ア　収益性－イ

6 (1) 子どもの教育資金

(2) 老後の生活資金　病気・災害への備え

7 (1) ①イ　②ウ　③ア

(2) 債券(国債)　投資信託　株式

02 暮らしと経済のかかわり　03 意思決定と契約

1 (1) ①政府　②家計　③企業

(2) ①D　②B　③E　④C　⑤A

⑥F

2 (1) ①375万　②8,750　③300万　④7,000
⑤240万　⑥5,600

(2) ①円安　②円高　③円高　④円高

3 (1)イ・ウ　(2)ア・エ

4 人の努力や工夫によって発見・開発・創造された
ものは，創作した人の財産であり，法律上その権利
が保護されるもの。

5 (1) ①エ　②イ　③ア　④ウ

(2) ①契約書　②口頭　③解約

6 確認すべきこと…・契約の相手方の名称・住所・
連絡先　・途中で解約できるか否か　・契約に
違反した場合のペナルティ　・契約の有効期間
など

04 購入方法の多様化　05 消費者問題

2 空間のシェア－エ　物のシェア－ウ
移動のシェア－ア　技術のシェア－イ

3 (1)フィンテック

(2)・利用者による金銭管理が難しい　・暗証番号
などの管理責任の問題がある　など

4 (1)(メリット)持っているお金の範囲で買い物する
ので使いすぎを防げる。

(2)(デメリット)紛失や盗難のリスクがある。

(2)(メリット)お金がなくても買い物ができる。ポイ
ントが貯まる。

(デメリット)暗証番号入力やサイン記入の手間がか
かる。使いすぎの恐れがある。

(3)(メリット)スピーディに支払いができる。ポイン
トが貯まる。

(デメリット)チャージする手間がかかる。利用でき
ない店もある。

5 サービスというよりは，ポイントカードを使って
A子さんの買い物履歴(年齢，性別，時間，商品，
天候など)を収集していて，個人情報を提供する見
返りにポイントがもらえるんだよ。

6 ①ローン　②クレジット　③信用
④消費者信用　⑤信用情報機関　⑥多重債務
⑦任意整理　⑧個人再生手続　⑨自己破産

7 ①キャッチセールス

②アポイントメントセールス　③マルチ商法
④訪問販売　⑤電話勧誘販売　⑥架空請求

06 消費者保護　07 持続可能な社会をめざして(1)

1 (1)イ　(2)ウ　(3)エ　(4)ア　(5)ウ　(6)イ

2 (1) ①アポイントメントセールス

②キャッチセールス　③ネットショッピング

④マルチ商法　⑤エステ　⑥内職商法

⑦8　⑧20　⑨8　⑩20

(2)消費者が法律で定められた契約書面を受け取った
日。

(3)不意打ち的ではなく，あらかじめ熟慮して(よく
考えて)契約することが可能だから。

3 ・消費者自身の被害防止や被害救済。　・行政

機関が，地域で起こっている消費者被害情報を収集し，広く被害防止のための情報提供を行ったり事業者を処罰したりすることができる。

4 ①環境基本法　　②持続可能な社会
③自然共生社会　　④循環型社会　　⑤低炭素社会
⑥SDGs

5 ①ごみを減らすこと。
②水筒を持参する。
③Reuse
④洗剤はつめ替え商品を利用する。衣服をリサイクルショップで売買する。衣服をいとこに譲る。
⑤Recycle
⑥空き缶，空き瓶を分別して資源ごみに出す。段ボール，プラ，紙類の包装を分別して資源ごみに出す。再利用された商品を購入する。
⑦不要なものをもらわないこと。
⑧買い物の際にマイバッグを持参する。
⑨修理して使う。
⑩靴底を張り替えて利用する。取れたボタンを縫いなおして着用する。

08 持続可能な社会をめざして(2)　09 消費者市民社会

1 説明…企業が利益だけを求めるのではなく，社会をよりよくするための責任を果たすこととし，雇用・労働条件などの人権，消費者，環境問題，地域社会に適正に配慮して，企業が市民として果たすべき責任を持つこと。

3 (1)公正な価格での取引を通じて生産者と購入者の協力関係を築くことができる。
(2)食品(チョコレート，コーヒー豆，紅茶等)，コットン製品，サッカーボール　など

4 ①保障　　②危険　　③情報　　④選択
⑤反映　　⑥救済　　⑦消費者教育　　⑧行動
⑨配慮　　⑩環境

5 (1)○　　(2)×　　(3)○　　(4)○　　(5)×　　(6)○

6 (1)　①消費者教育　　②消費者市民社会
(2)　グローバルな問題にも目を向け，身近なところから行動する

章末問題(8章)

1. (1) ①30　　②60　　③40　　④20
(2)　教育費用　　住宅購入費用　　老後費用

2. (1)実際に儲かるのは一部の上位の人だけで，多くは借金だけが残る点。
(2)知り合いや友だちからの勧誘が多いため，信用してしまったり，断りにくかったりするから。

3. (1)将来値上がりすることが確実ではない商品を「確実に値上がりする」といって販売したから(断定的判断の提供)
(2)消費者が何度も帰りたい旨を伝えているのに勧誘

を続けて販売したから(退去妨害)。
(3)消費者に利益となることを告げながら不利益になることは故意に伝えなかったから(不利益事実の不告知)。

4. 毎月の返済額が一定のため，借金を自覚しにくい。返済期間が長くなり，利息も高くなる。

5. (1)　(計算式)50,000円×0.067　　(答)3,350
(2)　(計算式)(50,000円＋3,350円)÷10回
(答)5,335

6. ①消費者庁　　②消費生活センター
③国民生活センター　　④188　　⑤郵便番号